LES GRANDES FÊTES DES RELIGIONS

chrétienne
juive
musulmane
bouddhiste

éditions du pélican

Textes de :
Anne Passegué *(Religion chrétienne)*
Valérie Fert *(Religion juive)*
Paul Dumont *(Religion musulmane)*
Laurence Caillet-Berthier *(Religion bouddhiste)*

Illustrations de Yann de Renty.

© Éditions G.P., Paris, 1986.
Printed in France.
ISBN 2.261.01562-3

SOMMAIRE

LES FÊTES
CHRÉTIENNES

Denis a dix ans. Il va bientôt entrer au collège. Plusieurs enfants de sa classe vont au catéchisme avec lui, une fois par semaine. C'est là qu'ils apprennent à connaître leur religion. Ils lisent des passages de l'Ancien Testament et des Évangiles et un adulte leur explique ce qui n'est pas facile à comprendre. Ils sont chrétiens : ils croient que Jésus est le fils de Dieu, venu sur la terre pour sauver tous les hommes.

Le dimanche, Denis va à la messe avec ses parents, à l'église Sainte-Catherine (c'est l'église de son quartier). Ils y retrouvent des chrétiens comme eux et ils prient ensemble avec le prêtre qui célèbre la messe.

Denis sait bien que tout le monde n'est pas chrétien. Par exemple, Ahmed, un camarade de sa classe est musulman. Ses parents sont Algériens. Dans la ville où ils habitent, il n'y a pas de mosquée. Alors le père d'Ahmed et des amis ont demandé au curé de Denis s'il n'avait pas un local libre. Et maintenant ils peuvent se retrouver pour prier dans une pièce qu'ils ont aménagée avec des tapis, comme dans leur pays.

Denis est content pour son ami qu'on ait trouvé cette solution.

Denis connaît aussi Claire. Leurs parents sont amis. Elle est chrétienne comme lui, mais elle ne va pas au catéchisme avec lui, ni à la messe. Elle est protestante comme sa maman. C'est une histoire un peu compliquée et Denis a demandé à ses parents de la lui expliquer.

Au XVIe siècle, les arrière-arrière-grands-parents de Claire et ceux de Denis se sont séparés. Ils étaient en désaccord sur la façon d'aimer Dieu et de le prier. Ceux de Claire n'ont pas voulu obéir au pape. Parce qu'ils protestaient contre certaines pratiques religieuses, on les a appelés les protestants. Denis et ses amis du catéchisme, eux, sont catholiques : le pape est leur chef spirituel.

Avec ses amis protestants, Claire va à « l'école du dimanche », chaque semaine. Ils y étudient la Bible et les Évangiles ainsi que l'ensemble de leur religion.

Souvent le dimanche, elle va au temple avec sa famille. Ils y retrouvent d'autres protestants pour célébrer le culte avec leur pasteur.

Depuis quelques années, les catholiques et les protestants font beaucoup d'efforts pour se rapprocher. Le pasteur de Claire et le curé de Denis organisent des soirées de prière en commun.

Claire et Denis ont aussi entendu parler des chrétiens orthodoxes, mais ils n'en connaissent pas. Ils ont seulement écouté de la musique religieuse orthodoxe et ils ont été émus par les voix très graves et très belles.

Les orthodoxes vivent surtout en Europe de l'Est et en Asie Mineure. Ils se sont séparés des autres chrétiens au XIe siècle. Eux non plus ne reconnaissent pas l'autorité du pape.

Tous les chrétiens pensent plus fort à Dieu le dimanche lorsqu'ils se retrouvent dans le même lieu de prière avec leurs amis. Mais il y a des jours encore plus importants : ce sont les fêtes religieuses[1] ; ces jours-là, les chrétiens sont particulièrement joyeux. Ils sont plus nombreux aux offices. Il leur semble que Dieu les aime encore plus que d'habitude.

1. Certaines fêtes ne sont pas célébrées par les protestants : le Mercredi des Cendres, l'Ascension, l'Assomption et la Toussaint.

LE BAPTÊME

Peu de gens se souviennent de la première fête à laquelle ils ont participé. Souvent, ils étaient si petits! Ainsi le jour de son baptême, Denis avait un mois. Ses parents, heureux d'avoir un bébé, ont voulu qu'il devienne, comme eux, un enfant de Dieu.

Dans l'Évangile[1] de saint Jean, Jésus nous a dit :

« Dans la maison de mon Père aux nombreuses demeures, je vais vous en préparer une. »

Jean, 14, 2.

Et dans la Bible, le prophète Isaïe nous dit de la part de Dieu :

« Je répandrai mon Esprit sur vous
et vous grandirez comme l'herbe entourée d'eau. »

Isaïe 60, 3-4.

1. Évangile : mot grec qui veut dire « bonne nouvelle ».

Il faut remonter au temps de Jésus pour trouver les premiers baptêmes. Alors que Jésus était encore un inconnu, Jean, son cousin, vivait dans une région désertique de Judée, près du Jourdain. C'était un homme extraordinaire : il se nourrissait de sauterelles et de miel sauvage et portait un vêtement de poils de chameau. C'était un prophète : il annonçait la venue prochaine du fils de Dieu. Il disait aux gens qu'il rencontrait :

« Changez de conduite; le royaume de Dieu est là. Préparez les chemins du Seigneur. »

Matthieu, 3, 2.

Et ceux qui désiraient changer de conduite confessaient publiquement leurs fautes et entraient dans les eaux du fleuve; cette purification par l'eau marquait un changement de vie, le commencement d'une existence nouvelle, plus près de Dieu : c'était le baptême. C'est pourquoi Jean fut appelé Jean-Baptiste, c'est-à-dire Jean le Baptiseur.

Il disait :

« Moi, je vous baptise dans l'eau pour que vous changiez vos cœurs, mais celui qui vient après moi est bien plus puissant que moi. C'est par le feu de l'Esprit que lui vous baptisera. »

Matthieu, 3, 11.

Et Jésus lui-même, avant de se faire connaître comme fils de Dieu, demandera à Jean de le baptiser. Par ce geste, il a voulu montrer qu'il était prêt à partager le sort de tous les hommes.

Donc, le jour de son baptême, Denis a été accueilli par Dieu dans sa maison : il a reçu la vie nouvelle des enfants de Dieu, et l'église tout entière est heureuse de compter un nouveau membre.

Ce qui s'est passé ce jour-là pour Denis se déroule de la même façon à chaque baptême, souvent le dimanche à la fin de la messe. Le bébé, habillé de blanc et porté

par sa maman, est conduit à l'église par sa famille. Ses parents ont choisi pour lui un parrain et une marraine : ceux-ci les aideront à élever le nouveau baptisé dans la foi chrétienne.

Le prêtre les accueille à l'entrée de l'église et leur demande le nom qu'ils ont choisi pour leur enfant (Denis, lui, porte le nom d'un grand saint : en effet, c'est saint Denis qui évangélisa les Gaulois. Il devint le premier évêque de Paris et mourut martyr). Puis il trace un signe de croix sur le front du bébé.

Le prêtre et la famille se rendent alors près de la cuve baptismale et une des personnes présentes lit un texte de l'Évangile, celui-ci par exemple :

« En ce temps-là, Jésus vient de Nazareth en Galilée. Jean le baptise dans le Jourdain. Au moment où il remonte du fleuve, Jésus voit le ciel se déchirer et sur lui l'Esprit descend comme une colombe. La voix de Dieu se fait entendre : ''Tu es mon fils bienaimé. J'ai mis en toi tout mon amour''. »

Marc, 1, 9-11.

Puis le prêtre bénit l'eau qui va servir au baptême. Mais avant de baptiser l'enfant, il demande aux parents et parrains, sous forme de dialogue, s'ils croient en Dieu le Père tout-puissant, en Jésus-Christ son fils unique et en l'Esprit-Saint[1]. Alors seulement, il verse par trois fois l'eau sur la tête de l'enfant en disant :

« Denis, je te baptise au nom du Père et du Fils et du Saint-Esprit. »

Puis il trace une croix sur le front du bébé avec le saint chrême (c'est une huile parfumée qui représente le don de l'Esprit-Saint) et dit :

« Par le baptême, le Dieu tout-puissant, Père de Notre-Seigneur Jésus-Christ, t'a libéré du péché et t'a fait renaître de l'eau et de l'Esprit. Toi qui fais maintenant partie de son peuple, il te marque de l'huile sainte pour que tu demeures éternellement membre de Jésus-Christ prêtre, prophète et roi. »

Et pour symboliser la lumière qui guidera le baptisé dans sa nouvelle vie, le parrain allume un cierge à la flamme du cierge pascal.

Après une dernière bénédiction, l'assemblée quitte l'église.

La plupart du temps, un baptême donne lieu à des réjouissances familiales.

Après le baptême de Denis, toute la famille se réunit autour de la table, pour un repas de fête où le prêtre est aussi invité. Et c'est l'occasion, pour son parrain, d'offrir à tous des dragées. (Souvent les grands-mères gardent précieusement la boîte qui a contenu les dragées en souvenir du baptême de leurs petits-enfants.)

Bien sûr, le héros du jour n'est pas oublié : ce jour-là, Denis reçut de ses parrain et marraine la chaîne et la médaille en or qu'il porte autour du cou. Son nom et la date de son baptême sont gravés au dos de la médaille.

A quelques détails près, le baptême de Claire s'est déroulé de la même façon, au cours d'un culte.

1. Sous forme de questions, le prêtre reprend les formules du *Je crois en Dieu* et les assistants répondent « Oui, nous y croyons », après chaque question.

Elle a reçu, elle aussi, une chaîne en or. Mais au lieu d'une médaille, son parrain lui a offert une croix huguenote : ce bijou représente la croix occitane, la couronne d'épines de Jésus et la colombe du Saint-Esprit.

Mais Claire rencontre à l'école du dimanche des enfants qui ne sont pas baptisés. En effet, le baptême des petits n'est pas obligatoire chez les protestants. Certains parents préfèrent « présenter » leur bébé au temple, comme Jésus l'a été. Dans ce cas, c'est au moment de la confirmation, vers quatorze ans, que les jeunes protestants demanderont eux-mêmes le baptême.

Le verbe « baptiser » veut dire « plonger dans l'eau »; les orthodoxes ont maintenu le sens exact de ce mot dans leur cérémonie du baptême : le prêtre plonge trois fois dans l'eau le futur chrétien qui est ensuite habillé d'un vêtement blanc. Puis le nouveau baptisé, même s'il est tout petit, reçoit le pain et le vin, signes du corps et du sang du Christ : c'est la communion[1].

Tout cela se passe dans une ambiance très joyeuse. Chacun tient un cierge à la main et les plus jeunes attendent avec impatience les « plongeons » et les réactions du bébé.

NOËL

Dix ans ont passé depuis le baptême de Denis. Ses amis et lui comprennent mieux maintenant l'importance des fêtes; et depuis plusieurs semaines, ils se préparent à la fête de Noël. Mais avant de parler de Noël, écoutons ce que lit Denis dans l'Évangile de saint Luc :

« Alors que Quirinius est gouverneur de la Syrie, l'empereur de Rome qui est alors César Auguste décide de faire le compte des habitants du monde. Chacun doit aller donner son nom dans la ville de sa famille. Joseph quitte donc Nazareth en Galilée, et monte à Bethléem, la ville de David en Judée. Il emmène avec lui Marie, sa femme, qui attend l'enfant annoncé. Au moment prévu, pendant qu'ils sont dans cette ville, elle met au monde son fils premier-né, l'enveloppe de linges et le couche dans une crèche, car il n'y a pas de place pour eux autre part.

Aux environs, des bergers vivant aux champs veillaient sur leurs troupeaux. Un messager de Dieu se fait connaître à eux et la gloire du Seigneur les enveloppe. Ils sont saisis d'un grand émoi.

1. La communion : les catholiques communient pour la première fois vers huit ans, les protestants vers quatorze.

"N'ayez pas peur, leur dit-il. Je viens vous annoncer une grande nouvelle qui emplira de joie tout un peuple. Aujourd'hui, dans Bethléem, la ville de David, un sauveur vous est né, le Christ, le Seigneur. Vous le reconnaîtrez à ce que vous trouverez un nouveau-né dans une crèche..." Et soudain une armée de messagers de Dieu chantent :

"Gloire à Dieu au plus haut des cieux,
et paix sur la terre aux hommes qu'il aime". »

Luc, 2, 1-14.

Voici donc la grande nouvelle que les bergers ont connue les premiers et qui est parvenue jusqu'à nous :

« Un sauveur vous est né, le Christ, le Seigneur. »

Et tous les ans, le 25 décembre, Denis et tous les chrétiens fêtent la Nativité.

C'est au VIᵉ siècle, à Rome, que les chrétiens décident de fêter la naissance de Jésus. Ils ne choisissent pas la date au hasard, car les Romains, à cette époque de l'année, fêtaient « le soleil invaincu », c'est-à-dire le moment où les jours commencent à rallonger (c'est le solstice d'hiver). Les chrétiens montraient de cette façon que Jésus est leur vrai soleil et la lumière qui grandit pour les hommes. Mais c'est au XIIᵉ siècle seulement que le mot « Noël » apparaît pour désigner la Nativité. Il vient du latin *natalis (dies)* : (jour) « de naissance ».

La fête de Noël se prépare pendant quatre semaines : c'est le temps de l'Avent. Au catéchisme, Denis et son groupe étudient les lectures des quatre dimanches de l'Avent. La catéchiste leur explique qu'un sauveur était attendu depuis longtemps. Huit cents ans avant la naissance de Jésus, le prophète Isaïe l'annonce déjà :

« Un rameau sortira de la souche de Jessé,
une pousse jaillira de ses racines.
Sur lui reposera l'Esprit du Seigneur...
Il jugera les petits avec justice,
il donnera des droits aux pauvres du pays. »

Isaïe, 11, 1-4.

Et Isaïe explique aussi que ce sauveur viendra pour tous les hommes de tous les pays :

« J'enverrai des messagers vers les peuples des pays lointains qui n'ont jamais entendu parler de moi, qui n'ont pas vu ma gloire parmi les nations. » *Isaïe, 66, 19.*

Ainsi, lorsque l'ange dit aux bergers :

« Voici, je viens vous annoncer une grande nouvelle », les chrétiens comprennent qu'ils ne peuvent pas garder pour eux la bonne nouvelle de Noël. Ils doivent la faire connaître aux autres. Noël, ce n'est pas seulement l'anniversaire de la naissance de Jésus, c'est la fête de tous, c'est l'espoir pour tous.

La veille de Noël, Denis, aidé de sa petite sœur Céline, doit remettre la crèche en état et l'installer. Comme il s'étonne de cette tradition, sa mère lui en explique l'origine.

En 1223, à Greccio, en Italie, saint François d'Assise décide avec un ami de reconstituer les mauvaises conditions dans lesquelles Jésus était né : une grange, de la paille, le voisinage des animaux, vraiment rien de ce qui convient d'habitude à un nouveau-né! Ils organisent tout pour la nuit du 25 décembre. Cette nuit-là, les gens viennent des villages voisins avec des bougies et des flambeaux pour assister à la messe de Noël. Tous sont émerveillés devant la crèche. Ils se sentent reportés douze siècles en arrière et comprennent vraiment que Jésus est né pauvre parmi les pauvres, comme beaucoup d'entre eux.

Depuis cette date, les chrétiens ont pris l'habitude de reconstituer « la crèche » dans leurs églises et dans leurs maisons, avec des personnages achetés, fabriqués ou découpés. Pendant qu'ils écoutent l'histoire de la première crèche, Denis et Céline disposent les santons : Marie et Joseph près de la mangeoire, et autour, l'âne, le bœuf, les bergers et leurs moutons. Au retour de la messe de minuit, Céline posera Jésus dans la mangeoire.

Après la crèche vient le tour du sapin : c'est un arbre toujours vert. Il est le signe que la vie continue même en hiver où la nature semble morte, donc signe d'espoir (mais la plupart des gens ne savent plus pourquoi ils installent un sapin chez eux à Noël). Denis le plante dans un grand pot près de la crèche et le décore de boules, guirlandes et bougies pour lui donner un air de fête.

Quand l'heure de la messe de minuit approche, Denis part en famille à l'église. En arrivant, il admire la crèche installée au pied de l'autel. Tous les cierges sont allumés. L'église est pleine de monde et Denis y retrouve ses grands-parents. Les prêtres de la paroisse sont tous présents. Les chants s'élèvent joyeux, remplis d'espoir. Denis se sent heureux au milieu de sa famille ; il écoute attentivement les lectures qu'il a étudiées au cathéchisme. Comme les villageois de Greccio, il est émerveillé par la « bonne nouvelle ».

La messe terminée, toute la famille se retrouve autour de la table du réveillon, éclairée de chandelles, pour manger la dinde traditionnelle et la bûche de Noël[1].

Avant d'aller se coucher, Denis et Céline n'oublient pas de poser leurs chaussures près du sapin : c'est une vieille coutume qui vient d'Allemagne. En effet, une légende allemande raconte que depuis longtemps, la nuit de Noël, les pauvres gens mettaient leurs sabots devant leur porte. Pendant la nuit, les riches généreux partageaient leur bien et déposaient des cadeaux dans les sabots. Noël devenait ainsi une fête de partage.

Au réveil, Denis et Céline trouveront des paquets dans leurs chaussures, mais eux aussi ont préparé des petits cadeaux pour toute la famille.

Comme Denis, Claire est allée en famille à la veillée de Noël qui est suivie du culte. Elle a aussi préparé le sapin mais pas la crèche car les protestants ne représentent pas Dieu : on ne voit ni statues ni tableaux dans les temples.

Pour Claire, pour Denis et pour les orthodoxes[2], Noël est la fête de l'espoir, de Dieu fait homme pour nous sauver.

1. La bûche de Noël : autrefois, et parfois encore maintenant, on brûlait une grosse bûche à la veillée de Noël en attendant la messe de minuit. Maintenant, elle est souvent remplacée par un gâteau en forme de bûche.
2. Les orthodoxes fêtent Noël le jour de l'Épiphanie.

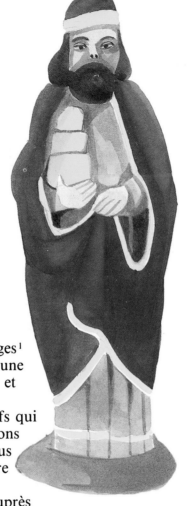
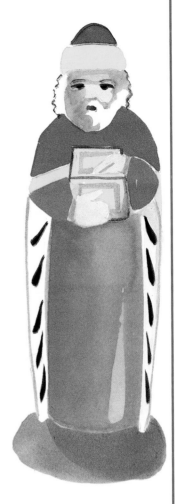

L'ÉPIPHANIE

Peu de temps après la naissance de Jésus, des mages[1] venus d'Orient, guidés par une étoile, arrivent à Jérusalem et demandent :

« Où est le roi des Juifs qui vient de naître car nous avons vu son étoile se lever et nous sommes venus le reconnaître pour roi ? »

Renseignements pris auprès du roi Hérode et des grands prêtres, ils repartent vers Bethléem.

« Et voici qu'à leur grande joie, l'étoile qu'ils ont vue à son lever les conduit de nouveau. Elle s'arrête au-dessus de l'endroit où est l'enfant.

Ils entrent dans l'étable, voient l'enfant avec Marie, sa mère, s'inclinent profondément devant lui, et le reconnaissent pour roi. Puis ils ouvrent leurs trésors et offrent de l'or et des parfums. »

Matthieu, 2, 2-12.

En souvenir de la venue des mages à la crèche, les chrétiens, en Orient d'abord, puis en Occident depuis le IVe siècle, fêtent l'Épiphanie[2], le 6 janvier. Ce jour-là, Denis installe les mages dans la crèche, autour de Jésus.

La tradition populaire les appelle les rois Mages et les considère comme des rois d'Arabie. Ils sont trois, d'âge et de race différents : Gaspard, Melchior et Balthazar. Le texte de saint Matthieu ne dit pas qu'ils étaient rois ni combien ils étaient. Ce qui est sûr, c'est qu'ils sont étrangers, venus de loin, et qu'ils s'agenouillent devant un enfant comme devant un roi.

1. Les mages : savants qui observaient les étoiles.
2. Épiphanie : mot grec qui veut dire « manifestation ».

Ce passage de Matthieu rappelle étrangement un texte d'Isaïe :
« Tous les gens de Saba viendront,
apportant l'or et l'encens
et proclamant les louanges du Seigneur. »

Isaïe, 60, 6.

Une fois de plus, les textes lus à la messe de l'Épiphanie montrent que Jésus est venu pour sauver tous les peuples.

A la maison, la fête de l'Épiphanie est l'occasion de partager en famille ou avec des amis un gâteau dans lequel est cachée une fève[1]. C'est une galette feuilletée dans le Nord, une « coque » en forme de couronne dans le Midi.

Denis a invité des amis pour « tirer » les Rois. Claire est là aussi. Chacun espère trouver la fève et mord avec précaution dans sa part de gâteau. La fève est trouvée ! Certains sont déçus... Le nouveau roi, coiffé d'une couronne de carton doré, choisit sa reine qui reçoit une couronne argentée. Les « sujets » boivent alors à la santé des « souverains ».

LES CENDRES

Dans l'Ancien Testament, les Hébreux qui voulaient obtenir le pardon de Dieu s'asseyaient dans des cendres ou s'en couvraient la tête. Lorsque Jonas prédit aux habitants de Ninive que Dieu détruira leur ville s'ils ne deviennent pas meilleurs, le roi lui-même l'apprend :

« Il se lève de son trône, quitte son manteau, se couvre d'un sac et s'assied sur la cendre. »

Jonas, 4-6.

Et toute la ville fait de même.

Et Job ! Il lui arrive tous les malheurs : il perd toutes ses richesses, ses enfants meurent, il tombe malade. Il croit que Dieu le punit parce qu'il n'est pas assez bon et « il s'installe parmi les cendres. »

Job, 2, 8.

C'est de cette tradition juive que vient la fête des Cendres[2] qui ouvre une période de pénitence de quarante jours : le carême[3].

Ces quarante jours rappellent deux événements : les quarante ans de la marche des Hébreux vers la Terre promise, après le départ d'Égypte, et les quarante jours

---

1. La fève était déjà utilisée par les Grecs dans l'Antiquité pour certaines élections : ils votaient avec des fèves blanches et noires.
2. La fête des Cendres est toujours célébrée un mercredi.
3. Carême : mot qui vient du latin *quadragesima (dies)* : le quarantième (jour avant Pâques).

de jeûne de Jésus au désert. Pour les Hébreux comme pour Jésus, il fallait surmonter le découragement et garder confiance en Dieu. C'est exactement ce que l'Église demande aux chrétiens le jour des Cendres.

Au cours de la messe, le prêtre impose les cendres. En procession, Denis et les fidèles présents se dirigent vers l'autel en implorant Dieu de changer leur cœur :

« Donne-nous, Seigneur, un cœur nouveau,
mets en nous, Seigneur, un esprit nouveau. »

Psaume 50.

Au pied de l'autel, le prêtre trace, avec des cendres, une croix sur le front de cha-cun en disant :

« Convertissez-vous et croyez à l'Évangile. »

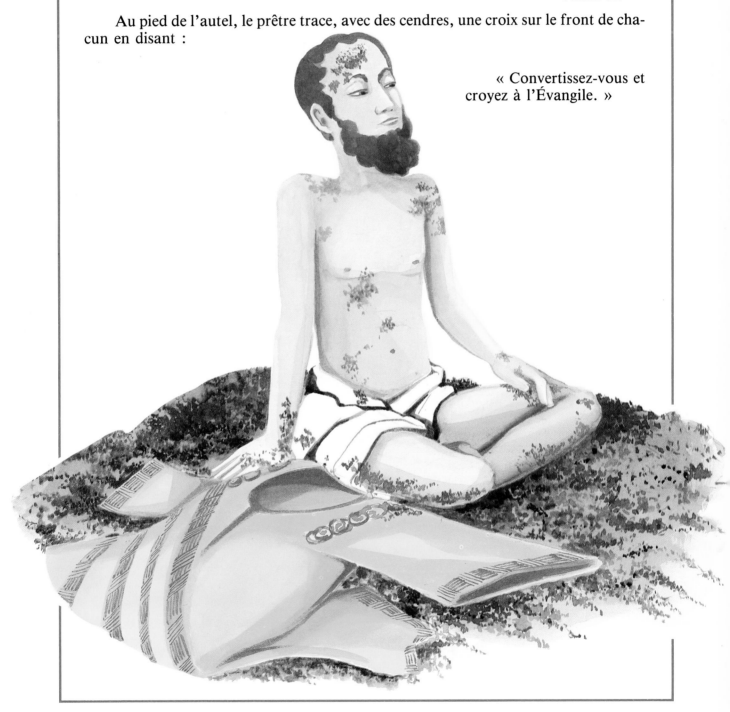

19

Cette phrase est tirée d'un texte dans lequel saint Marc nous invite à changer de conduite :

« Le moment est venu qu'annonçaient les prophètes. Le royaume de Dieu est là. Changez de conduite et croyez à l'Évangile. »

Marc, 1, 15.

Bien sûr, il ne s'agit plus maintenant de s'asseoir sur les cendres, pour faire pénitence, et d'attendre que les quarante jours passent ! Ce n'est pas non plus la peine de se priver de nourriture si on ne partage ce qu'on a en trop avec ceux qui n'ont pas assez. Au début du carême, chaque chrétien est invité à changer de conduite : il doit essayer de s'améliorer, d'une façon ou d'une autre. Par exemple, Denis est rêveur, il met un temps fou à faire son travail et cela provoque des histoires à la maison ! Il a décidé de faire tous ses efforts pour être plus rapide et plus efficace. Et ce sera sans doute difficile !

Pour rappeler le jeûne de Jésus au désert, tout le groupe de catéchisme a décidé de faire une opération « bol de riz » : plusieurs fois, pendant le carême, tous les enfants se réuniront pour dîner. Mais au lieu de faire un repas normal, ils mangeront un bol de riz. L'argent économisé (un bol de riz coûte bien moins cher qu'un repas) sera envoyé à des enfants qui ne mangent pas à leur faim.

Et pour suivre le conseil de Jésus, ils seront particulièrement joyeux ces soirs-là :

« Toi, quand tu jeûnes, mets du parfum sur ta tête et embellis ton visage. Que ton jeûne ne soit pas connu des hommes, mais de ton Père qui est dans le secret. Et ton Père, qui est dans le secret, te récompensera. »

Matthieu, 17-18.

LES RAMEAUX

Jésus se dirige vers Jérusalem avec ses disciples pour fêter la Pâque[1].

« Quand ils approchent de Jérusalem, Jésus dit à deux de ses disciples : ''Allez au village qui est en face. Vous trouverez à l'entrée un ânon attaché que personne n'a encore monté. Détachez-le et amenez-le.'' Ils partirent et trouvèrent l'ânon. Ils l'amenèrent à Jésus et mirent leurs manteaux dessus. Jésus s'assit sur l'ânon. Et beaucoup de gens étendirent leurs manteaux sur le chemin, d'autres des branches vertes coupées dans les champs. Ceux qui marchaient devant et ceux qui suivaient criaient : ''Hosanna ![2] Béni soit celui qui vient au nom du Seigneur ! Béni soit le royaume qui vient de notre Père David. Hosanna au plus haut des cieux''. »

D'après Marc, 11, 1-10.

Voilà comment saint Marc raconte l'entrée de Jésus à Jérusalem : un vrai triomphe ! La foule était enthousiasmée par les miracles de Jésus : il avait guéri des malades, rendu la vue à des aveugles, des paralytiques marchaient de nouveau ; mais surtout, il avait ressuscité Lazare, son ami, qui était mort depuis quatre jours !

1. La Pâque : vient du mot hébreu *pessah* : « passage ». Fête-anniversaire du départ d'Égypte, où les Hébreux étaient esclaves, pour la Terre promise. Chaque année, les juifs se réunissaient en famille pour manger un agneau et des pains sans levain. S'ils le pouvaient, ils fêtaient la Pâque à Jérusalem.
2. Hosanna : mot hébreu : « Sauve-nous, de grâce. »

Comme cette foule, les chrétiens vont à la messe, le dimanche des Rameaux, avec des branches d'olivier, de buis ou de laurier, coupées dans les jardins et parfois encore décorées.

Au début de la messe, Denis, comme tous ses voisins, lève ses rameaux pendant que le prêtre les bénit en disant :

« Dieu tout-puissant, bénis ces rameaux que nous portons pour fêter le Christ, notre Roi : accorde-nous d'entrer avec lui dans la Jérusalem éternelle. »

Bien sûr, la bénédiction des rameaux ne célèbre pas seulement l'anniversaire de l'entrée de Jésus à Jérusalem : par leur présence à cette fête, les chrétiens s'engagent à suivre le chemin tracé par Jésus.

Avec la fête des Rameaux, on entre dans la dernière semaine du carême : la Semaine sainte. Pendant la messe, le prêtre et deux fidèles lisent le récit de la Passion[1] de Jésus car ce texte va dominer toute la semaine.

De retour à la maison, la maman de Denis dispose les nouveaux rameaux autour du crucifix qui est accroché dans la maison, puis elle brûle ceux de l'année précédente.

Pendant le culte, Claire a écouté les mêmes lectures, mais les protestants n'apportent pas de rameaux.

PÂQUES

« Le Seigneur est ressuscité. Alleluia! »
Mais que s'est-il passé depuis le dimanche précédent, jour des Rameaux?
Après son entrée triomphale à Jérusalem, Jésus prépare la Pâque avec ses disciples. Le jour venu, ils se réunissent et mangent ensemble pour la dernière fois : les chrétiens se souviennent de ce repas — la Cène — le Jeudi saint[2].

1. Passion de Jésus : récit de la condamnation à mort et de la mise en croix de Jésus. On peut lire ce récit dans : l'Évangile de saint Matthieu, 26, 14.... 27, 66.
de saint Marc, 14, 1... 15, 47.
de saint Luc, 22, 14... 23, 56.
de saint Jean, 18, 1... 19, 42.
2. La Cène : les chrétiens revivent aussi ce repas à chaque messe où ils communient.

Jésus sait qu'un de ses disciples, Judas, l'a trahi. En effet, si certains l'acclament, comme le jour des Rameaux, d'autres, jaloux de son influence, cherchent à le faire mourir.

Pendant la nuit, alors que Jésus prie dans le jardin des Oliviers, des soldats, conduits par Judas, viennent l'arrêter. Le lendemain, Jésus est jugé, condamné à mort, crucifié et mis au tombeau : c'est la Passion de Jésus que les chrétiens célèbrent le Vendredi saint.

Le dimanche de Pâques, l'Église fête Jésus ressuscité :

« Après le sabbat, au matin du premier jour de la semaine, Marie de Magdala et l'autre Marie vinrent au tombeau. Et voici que la terre trembla. Le messager du Seigneur se fit connaître. Il avait l'éclat de l'éclair. Ses vêtements étaient blancs comme neige. A sa vue, les gardes tremblèrent de peur et devinrent comme morts.

"Ne soyez pas émues, entendirent les femmes. Je sais que vous cherchez Jésus, le crucifié. Il n'est pas ici. Comme il l'avait annoncé, il est ressuscité. Voyez où on l'avait mis, et vite, allez répéter son message aux siens : il est ressuscité et vous attend en Galilée."

Alors les deux femmes s'éloignèrent du tombeau. Émues et en même temps dans une grande joie, elles coururent porter la nouvelle aux disciples.

Tout à coup, Jésus vint à leur rencontre :

"Je vous salue", dit-il.

Elles s'approchèrent, s'inclinèrent profondément et embrassèrent ses genoux. Il déclara alors :

"Ne soyez pas émues. Allez annoncer à mes frères qu'ils doivent se rendre en Galilée. Ils m'y rencontreront". »

Matthieu, 27, 62-66...
28, 1-8.

Voici ce que les chrétiens fêtent le dimanche de Pâques : la victoire de Jésus sur la mort et l'espoir que, pour eux aussi, la mort n'est qu'un « passage » avant de connaître une autre vie près de Dieu.

Ils se rendent à l'église, la nuit de Pâques, pour prier ensemble : ainsi, ils se sentent plus près des disciples qui, eux aussi, priaient en attendant le retour du Seigneur parmi eux, comme il l'avait promis.

En arrivant, Denis prend un cierge. Un feu a été préparé au centre de l'église.

La veillée commence : les prêtres se réunissent autour du feu qui seul éclaire l'église. L'un d'eux porte le cierge pascal.

Le prêtre bénit le feu en disant :

« Seigneur notre Dieu, par ton fils qui est la lumière du monde, tu as donné aux hommes la clarté de ta lumière, daigne bénir cette flamme qui brille dans la nuit. Aide-nous à parvenir, avec un cœur pur, aux fêtes de l'éternelle lumière. »

Puis il allume le cierge pascal à la flamme et l'élève en disant par trois fois : « Lumière du Christ !

— Nous rendons grâce à Dieu ! », répondent les fidèles.

Alors Denis et toute l'assemblée allument leurs cierges au cierge pascal, qu'on place devant l'autel lorsque les prêtres regagnent le cœur de l'église. Et on allume toutes les lumières.

« Exultez de joie, multitude des anges,
exultez serviteurs de Dieu,
sonnez cette heure triomphale
et la victoire d'un si grand roi.

Sois heureuse aussi notre terre,
irradiée de tant de feux,
car il t'a prise dans sa clarté
et son règne a chassé ta nuit.

Réjouis-toi, mère Église
toute parée de sa splendeur,
entends vibrer dans ce lieu saint
l'acclamation de tout un peuple. »

Après l'annonce de la Pâque, chacun éteint son cierge, s'assied et écoute les lectures.

La première, Denis la connaît bien : c'est le récit de la création :
« Au commencement, Dieu créa le ciel et la terre... »

Genèse, 1, 1... 2, 2.

Et Denis se laisse bercer par la description de la création :
« ... La lumière, le ciel...
Il y eut un soir, il y eut un matin...
... Les fruits, les étoiles, les poissons, les oiseaux...
Il y eut un soir, il y eut un matin...
... Les bêtes sauvages, les bestiaux, les bestioles, l'homme, la femme...
Il y eut un soir, il y eut un matin... »
En remerciement pour tous ces dons, l'assemblée chante alors :
« Ô Seigneur, envoie ton Esprit
qui renouvelle la face de la terre. »

Psaume 103.

Et les lectures se suivent, entrecoupées de psaumes :
« Les fils d'Israël, voyant les Égyptiens lancés à leur poursuite, étaient effrayés... »

Livre de l'exode, 14, 15... 15, 1.

Denis, perdu dans ses rêves de Pharaon englouti avec ses chars et ses guerriers, sursaute aux premières notes du *Gloria in excelsis.* En même temps, les cloches, muettes depuis le Jeudi saint, en signe de deuil, se mettent à sonner à toute volée.

Pendant que Céline s'agite à côté de lui, trouvant le temps long, Denis écoute encore la lettre aux Romains dans laquelle saint Paul explique aux chrétiens que :

« L'homme ancien qui est en nous a été fixé à la croix avec le Christ pour que cet être de péché soit réduit à l'impuissance, et qu'ainsi nous ne soyons plus esclaves du péché. »

Romains, 6, 3-11.

Et l'Évangile où l'ange annonce aux saintes femmes que Jésus est ressuscité.

Matthieu, 28, 1-10.

Pour rappeler aux chrétiens rassemblés qu'ils ont été baptisés et qu'ils doivent rester fidèles à la foi de leur baptême, le prêtre bénit l'eau; chacun, debout, rallume son cierge et prie en reprenant les formules du *Je crois en Dieu.*

Puis les fidèles s'avancent en procession vers l'autel et tracent, sur eux-mêmes, un signe de croix avec l'eau nouvelle.

Et la messe se poursuit avec la prière universelle.

Demain matin, au lever, Denis et Céline iront au jardin ramasser les œufs et les friandises que les cloches ont laissé tomber en revenant de Rome! Denis, bien sûr, ne croit plus aux cloches qui voyagent. Mais Céline, qui a quatre ans, y croit encore et Denis, jouant le jeu, s'extasie comme elle, à chaque découverte : œufs peints, en chocolat, etc.

Quelle est donc l'origine de cette coutume?

Il y a très longtemps, l'homme était en admiration devant l'œuf. Il s'étonnait de voir sortir une créature vivante de cette sorte de caillou qui avait quand même une bien jolie forme. Et il en fit un objet magique.

Les premiers chrétiens comparèrent l'œuf au tombeau d'où le Christ sortit et il devint ainsi le symbole de la joie pascale. En souvenir du Christ ressuscité, ils s'offraient des œufs peints et bénis. D'ailleurs, maintenant encore, à la veillée pascale, les jeunes orthodoxes emportent des œufs teints en rouge. Lorsque le célébrant affirme, après la lecture de l'Évangile :

« Christ est ressuscité! »,

tout le monde s'embrasse, les enfants sortent les œufs et les cassent en disant :

« Christ est ressuscité! »

Et pour affirmer leur joie, les enfants font éclater des pétards dans la rue.

Pour Claire, à Pâques, il n'y a pas de veillée. Elle va au culte comme tous les autres dimanches. Seulement, les cantiques sont plus joyeux que d'habitude et les fidèles plus nombreux.

De retour chez elle, Claire fera aussi le tour du jardin pour y trouver les œufs apportés par le lapin de Pâques.

Dans les familles chrétiennes, pour rompre le jeûne du carême, on mange traditionnellement de l'agneau, le jour de Pâques : c'est un rappel de l'agneau pascal.

L'ASCENSION

Les œufs en chocolat et les friandises de Pâques ne sont plus qu'un souvenir pour Denis lorsque arrive le jeudi de l'Ascension, quarante jours après Pâques. C'est au IVe siècle que les chrétiens commencent à célébrer cette fête.

Le jour de sa résurrection, Jésus a donné rendez-vous à ses disciples et depuis quelques jours, il est de nouveau avec eux. Mais ils sentent bien que cette situation ne va pas durer. Que va-t-il se passer maintenant? Impatients, ils lui demandent :

« Seigneur, le temps est-il venu où tu vas refaire d'Israël un royaume? »

Ils n'ont pas encore vraiment compris que le royaume de Jésus n'est pas sur la terre.

Il leur répond :

« Ce n'est pas à vous de connaître les moments et les dates fixés par Dieu votre Père de sa propre autorité. Vous allez recevoir une force quand l'Esprit viendra vous animer. Vous serez alors les témoins de ma résurrection, à Jérusalem, dans toute la Judée, en Samarie et aux extrémités de la terre. »

« Après avoir parlé ainsi, il est emporté sous leurs yeux et une nuée le leur cache. »

Actes des Apôtres, 1, 6-9.

Après bien des questions posées au catéchisme, Denis comprend mieux ce que les apôtres ont fini par comprendre : Jésus n'est plus présent parmi eux ; ils ne le verront plus, mais ils le sentent près d'eux : son Esprit est là pour les aider à vivre en fils de Dieu et à répandre la bonne nouvelle.

N'a-t-il pas dit :

« Allez donc, de toutes les nations faites des disciples, baptisez-les au nom du Père, et du Fils, et du Saint-Esprit ; et apprenez-leur à garder les commandements que je vous ai donnés. Et moi, je suis avec vous tous les jours, jusqu'à la fin des temps. »

Matthieu, 28, 19-20.

A la messe de l'Ascension, Denis écoute ces lectures, mais avant, pendant la première prière, il a entendu cette phrase pleine d'espoir :

« ... Jésus nous a précédés dans la gloire auprès de Toi, mon Dieu, et c'est là que nous vivons en espérance. »

L'espérance, elle est revenue avec la joie pascale ; elle reste dans le cœur des chrétiens alors que Jésus les a quittés, car :

« Le Seigneur Jésus,
vainqueur du péché et de la mort
est aujourd'hui ce roi de gloire
devant qui s'émerveillent les anges :
il s'élève au plus haut des cieux,
pour être le juge du monde
et le Seigneur des Seigneurs,
seul médiateur entre Dieu et les hommes ;

il ne s'évade pas de notre condition humaine :
mais en entrant le premier dans le Royaume,
il donne aux membres de son corps
l'espérance de le rejoindre un jour.
C'est pourquoi le peuple des baptisés,
rayonnant de la joie pascale,
exulte par toute la terre... »

Préface de l'Ascension.

28

LA PENTECÔTE

Après le départ de Jésus vers son Père, les apôtres étaient songeurs : ses dernières paroles les inquiétaient :
« Allez donc, de toutes les nations faites des disciples... » *Matthieu, 28, 19-20.*

Comment allaient-ils s'y prendre? Ils étaient presque tous d'origine modeste, ils n'avaient jamais quitté leur pays, ils ne connaissaient que leur langue maternelle! Heureusement, Jésus avait ajouté :
« Vous allez recevoir une force quand l'Esprit viendra vous animer. »
Acte des Apôtres, 1, 8.

Voulait-il parler de l'Esprit annoncé par le prophète Joël?
« Je répandrai mon Esprit sur toute créature,
vos fils et vos filles deviendront prophètes,
vos anciens seront instruits par des songes,
et vos jeunes gens par des visions. »

Joël, 3, 1-2.

Et ils attendirent jusqu'à la Pentecôte[1].

« Quand arriva la Pentecôte, les frères se trouvaient réunis tous ensemble. Soudain il vint du ciel un bruit pareil à celui d'un violent coup de vent : toute la maison où ils se tenaient en fut remplie. Ils virent apparaître comme une sorte de feu qui se partageait en langues et qui se posa sur chacun d'eux. Alors ils furent tous remplis de l'Esprit-Saint.

Or il y avait, séjournant à Jérusalem, des juifs fervents, issus de toutes les nations qui sont sous le ciel. Lorsque les gens entendirent le bruit, ils se rassemblèrent en foule. Ils étaient dans la stupéfaction parce que chacun d'eux les entendait parler sa propre langue. Déconcertés, émerveillés, ils disaient : ''Ces hommes qui parlent ne sont-ils pas tous des Galiléens? Comment se fait-il que chacun de nous les entende dans sa langue maternelle? Parthes, Mèdes et Élamites, habitants de la Mésopotamie, de la Judée et de la Cappadoce, des bords de la mer Noire, de la province d'Asie, de la Phrygie, de la Pamphylie, de l'Égypte et de la Libye proche de Cyrène, Romains résidant ici, Juifs de naissance et convertis, Crétois et Arabes, tous nous les entendons proclamer dans nos langues les merveilles de Dieu''. »

Actes des Apôtres, 2, 1-11.

A chaque fête de Pentecôte, les chrétiens, secoués par le souffle de Dieu, essayent de revivre et de mieux comprendre ce qui est arrivé aux apôtres ce jour-là.

Ainsi, lorsque Céline rejoint Denis et ses parents au milieu de la messe, elle porte autour du cou, comme tous les plus jeunes, une flamme en carton qu'elle a dessinée et coloriée : elle symbolise la flamme qui s'est posée sur la tête des apôtres.

Les apôtres sont partis comme des fous de Dieu, dans tout le monde connu de l'époque, pour porter la bonne nouvelle. C'est aux chrétiens maintenant de vivre animés de l'Esprit de Dieu « pour aller proclamer les merveilles de Dieu ».

La Pentecôte est une fête importante pour les protestants : c'est le jour où les jeunes protestants de quatorze ans reçoivent le baptême, la confirmation et la communion.

Les adolescents qui n'ont pas été baptisés petits demandent le baptême. Les autres renouvellent l'engagement pris par leurs parents et parrains.

Tous reçoivent pour la première fois la communion sous les deux espèces, pain et vin, signes du corps et du sang du Christ. Ils font alors vraiment partie de la communauté.

L'ASSOMPTION

Le 15 août, les chrétiens fêtent Marie, la mère de Jésus. C'est elle que Dieu a choisie entre toutes les femmes pour être la mère de son fils.

Toute sa vie, elle a dit « oui » à Dieu.

Lorsque Gabriel, le messager de Dieu, lui annonce qu'elle sera la mère de Jésus, elle ne comprend pas bien mais elle dit :

---

1. Pentecôte : mot grec qui veut dire « le cinquantième ». La Pentecôte, chez les juifs, était la fête de la moisson mais aussi le jour où ils célébraient le don de la Loi à Moïse, sur le mont Sinaï, cinquante jours après le 16 du mois de Nissane. Chez les chrétiens, c'est le cinquantième jour après Pâques.

« Je suis la servante du Seigneur.
Qu'il soit fait pour moi comme tu dis. »

Luc, 1, 38.

Jamais elle n'a regretté d'avoir accepté cette tâche difficile. Lorsque Jésus meurt sur la croix, elle est là, affligée et discrète, mais elle garde confiance en Dieu.

C'est au Ve siècle, à Jérusalem, que l'on donne le nom de Marie à une des premières églises construites. Depuis, les chrétiens fêtent dans la joie le jour où Marie, à la fin de sa vie, rejoint son fils dans la gloire du ciel : c'est la fête de l'Assomption.

C'est dans une petite église qui domine la mer, en Bretagne où il est en vacances, que Denis assiste à la messe du 15 août. Du plafond pendent des bateaux : des marins les ont accrochés là pour que Marie, la sainte patronne de l'église, les protège quand ils sortent en mer.

Ce jour-là, le prêtre lit le récit de la *Visitation* et le *Magnificat* :
« En ces jours-là, Marie se mit en route rapidement vers une ville de la montagne de Judée. Elle entra dans la maison de Zacharie et salua Élisabeth. Or, quand Élisabeth entendit la salutation de Marie, l'enfant qu'elle portait tressaillit en elle. Alors, Élisabeth fut remplie de l'Esprit-Saint, et s'écria d'une voix forte : ''Tu es bénie entre toutes les femmes et celui qui naîtra de toi est béni lui aussi. Comment ai-je ce bonheur que la mère de mon Seigneur vienne jusqu'à moi? Car, lorsque j'ai entendu tes paroles de salutation, l'enfant a tressailli de joie au-dedans de moi. Heureuse celle qui a cru que s'accomplirait ce que le Seigneur lui a fait dire.''

Marie dit alors :
''Oui, le Seigneur est grand, je veux chanter pour lui. Lui, mon sauveur, m'a regardée, moi qui suis si petite et mon cœur bondit de joie. Hier, aujourd'hui et demain, le monde entier parlera de mon bonheur parce qu'en moi Dieu a fait de grandes choses. Oui, le Seigneur est saint, il se donne à tous les hommes droits. Pour eux il montre sa force : les orgueilleux, il les fait taire, les oppresseurs, il les renverse. Mais les pauvres, il les relève. Aux affamés, il donne l'abondance et il vide les mains des riches. Ce que nos pères avaient espéré, il nous l'a donné. Ce qu'il avait promis, il l'a fait. Dieu a montré sa tendresse aujourd'hui et pour toujours.''

Marie demeura chez Élisabeth environ trois mois, puis elle s'en retourna chez elle. »

Luc, 1, 39-56.

Par le *Magnificat,* Marie montre qu'elle accepte le rôle que Dieu lui a confié et elle l'en remercie. Et tout le peuple de Dieu est associé à la confiance qu'elle a en Dieu. Les humbles, les pauvres, les affamés doivent garder espoir car leurs cris seront entendus. Marie fait confiance à Dieu et nous invite à en faire autant.

Pendant la prière universelle, l'assemblée prie pour que toutes les mères puissent aimer leurs enfants comme Marie l'a fait. Denis saisit alors la main de sa maman et lui sourit avec confiance.

Marie est la sainte la plus fêtée de l'Église orthodoxe. Beaucoup d'églises et de monastères portent son nom. Des quantités d'icônes la représentent.

Les orthodoxes jeûnent pendant les quinze jours qui précèdent la fête de la « Dormition », ils la célèbrent comme une Pâque, car Marie est passée tout de suite de la vie terrestre à la vie éternelle.

LA FÊTE DE TOUS LES SAINTS OU TOUSSAINT

Déjà, avant le Ve siècle, il existait une fête de tous les martyrs, en Orient. Depuis longtemps elle est fixée au 1er novembre.

Mais qui participe à la fête? Qui sont tous ces saints?

– Une foule innombrable, dit saint Jean :

« J'ai vu une foule innombrable, de toutes nations, races, peuples et langues. Ils se tenaient debout devant le Trône, en vêtements blancs avec des palmes à la main. Et ils proclamaient d'une voix forte : "Le salut est donné par notre Dieu, lui qui siège sur le Trône". »

D'après l'Apocalypse, 7, 9-10.

– Tous ceux qui cherchent Dieu, dit David :

« Qui peut gravir la montagne du Seigneur
et se tenir dans le lieu saint?
L'homme au cœur pur et aux mains innocentes,
qui n'invoque pas à tort le nom de Dieu.
Il obtient du Seigneur la bénédiction,
et de son Sauveur, la justice.
Voici le peuple de ceux qui le cherchent,
qui recherchent la face de Dieu! »

Psaume 23.

– Tous ceux qui sont appelés enfants de Dieu, nous dit encore saint Jean :
« Mes bien-aimés, voyez comme il est grand, l'amour dont le Père nous a comblés : il a voulu que nous soyons appelés enfants de Dieu... Dès maintenant, nous sommes enfants de Dieu, mais ce que nous serons ne paraît pas encore clairement. Nous le savons, lorsque le fils de Dieu paraîtra, nous serons semblables à lui parce que nous le verrons tel qu'il est. »

Première Lettre de saint Jean, 3, 1-2.

– Tous ceux que Jésus a appelés "Bienheureux" :
« Heureux les pauvres de cœur :
le Royaume des cieux est à eux!
Heureux les doux :
ils obtiendront la terre promise!
Heureux ceux qui pleurent :
ils seront consolés!
Heureux ceux qui ont faim et soif de justice :
ils seront rassasiés!
Heureux les miséricordieux :
ils obtiendront miséricorde!
Heureux les cœurs purs :
ils verront Dieu!
Heureux les artisans de paix :
ils seront appelés fils de Dieu!
Heureux ceux qui sont persécutés pour la justice :
le Royaume des cieux est à eux!
Heureux serez-vous si l'on vous insulte,
si l'on vous persécute
et si l'on dit faussement
toute sorte de mal contre vous,
à cause de moi.
Réjouissez-vous, soyez dans l'allégresse,
car votre récompense sera grande dans les cieux! »

Matthieu, 5, 3-12.

Voici donc ceux qui participent à la fête de tous les saints. Le texte des « Béatitudes » nous indique le chemin à suivre.

Pendant la messe, Denis a eu des distractions. En écoutant les lectures, il se demandait si les gens qu'il a connus et qui ont quitté la terre sont devenus des saints. Mais quand il va communier, accompagné de ses parents et des autres fidèles, il comprend qu'il est, lui aussi, appelé à faire partie de la foule innombrable de tous les saints, comme il l'a chanté :

« Dieu nous te louons,
Seigneur nous t'acclamons,
dans l'immense cortège de tous les saints. »

Le jour de la Toussaint, la coutume veut qu'on aille fleurir les cimetières avec des fleurs de saison, les chrysanthèmes. Les familles se retrouvent autour des tombes de ceux qui les ont quittés. Les visages sont souvent tristes ; la séparation est une épreuve difficile. Pourtant, la Toussaint n'est pas une fête triste ; ce n'est pas la fête des morts, c'est au contraire celle des ressuscités : c'est une fête d'espoir :

Espoir apporté par la bonne nouvelle de Noël :
« Un sauveur vous est né. »
Espoir qui triomphe à Pâques, avec le Christ ressuscité.
Espoir que, tous, nous avons notre place dans l'immense cortège de tous les saints.
L'espoir, c'est ce que proclament tous les chrétiens dans le *Credo* :
« Je crois à la communion des saints,
au pardon des péchés,
à la résurrection de la chair,
à la vie éternelle. »

LES FÊTES JUIVES

Nous étions quelque part dans le monde, assis dans une chambre, Emmanuel en tailleur sur son lit et moi devant lui. Il refusait de dormir, de se tenir tranquille. J'étais passée des promesses aux menaces et, de guerre lasse, lui avais raconté des histoires. Mais Emmanuel se montrait difficile. Il se moquait du pays des gazelles, du royaume des vipères ailées et des reines d'Arabie comme des violons de Varsovie. Sautant sur son lit, les ressorts du matelas protestant, il me défiait.

« Tu ne sais rien. Tout ce que tu dis, tu l'inventes. Moi, je veux des histoires vraies. »

Que pouvais-je répondre à ce petit garçon qui jugeait que seule la vérité est extraordinaire ? C'est alors qu'il me vint à l'esprit ce récit de la vie étonnante d'un homme très simple bien que répondant au nom d'Israël.

Israël n'avait peut-être jamais existé, mais cela n'avait aucune importance. Tout juif vivant au rythme des fêtes de sa religion aurait pu lui ressembler et lui ressemble encore. Car toutes les fêtes racontées ici se déroulent aujourd'hui comme elles se déroulaient il y a des milliers d'années.

Colporteur de son état, Israël allait de villes en villages, vendant des épingles, des musiques, des dentelles, du fil. Toute la semaine, il allait mal vêtu, le dos courbé sous ses ballots, dans le soleil, la neige, la poussière, menant une vie de chien et poursuivi par les gamins. Mais à chaque fin de semaine, quand venait le vendredi, on le voyait sourire et se hâter de rentrer chez lui. Pourquoi tant d'empressement ? Tout simplement parce qu'Israël se souvenait qu'après avoir créé la lumière, le ciel, la terre, la mer, les plantes, les arbres, le soleil, la lune, les étoiles, les poissons, les oiseaux, les animaux, l'homme et la femme, le septième jour l'Éternel se reposa et proclama que de toute éternité ce jour serait béni et demeurerait saint. Ainsi naquit le *chabbat* et c'est pour le célébrer auprès des siens qu'Israël se hâtait chaque vendredi matin.

LE CHABBAT

Septième jour de la semaine qui célèbre le septième jour de la création où l'Éternel se reposa. Le chabbat commence le vendredi soir au coucher du soleil et s'achève le samedi soir à l'apparition de la troisième étoile. Pendant cette durée, tout travail, toute intervention sur la matière sont interdits. Le chabbat est consacré au repos et à la prière.

Certains diront que le *chabbat* est seulement le septième jour de la semaine. D'autres ajouteront que tout travail y est interdit, même le plus minime comme écrire, éteindre le feu ou l'allumer, voyager, cuisiner depuis le vendredi soir au coucher du soleil jusqu'au samedi soir à l'apparition de la troisième étoile. Mais pour Israël, le *chabbat* était bien plus que cela.

Selon lui, l'Éternel avait donné le *chabbat* aux hommes afin qu'une fois par semaine ils puissent se reposer de leurs tâches quotidiennes, de leurs tracas et profiter enfin de l'univers. Pour celui qui respectait le *chabbat,* l'air soudain se chargeait de parfums inconnus, les mets avaient une saveur nouvelle et les couleurs de la terre se transformaient. Le *chabbat,* disait-il, est semblable à une princesse qui vient se fiancer même au plus pauvre d'entre les pauvres et, pour un jour, fait de lui un prince.

D'ailleurs, lui, le colporteur, quand il poussait la porte de sa demeure le vendredi, il avait l'impression qu'elle avait embelli. Bien sûr, ceux qui croient à la seule raison prétexteront qu'il ne fallait voir là que l'effet du ménage auquel, depuis la veille, sa femme se livrait. Quant aux parfums délicieux de la maison, ils assureront qu'ils avaient pour seule cause miraculeuse les fumets du *tcholent*[1] cuisant à petits mitons ou les effluves de carottes, de girofles, d'épices dans lesquels avait mijoté le *gefilte fish*[2].

A ces raisonneurs, Israël répliquait que tout cela était peut-être vrai. Cependant il ajoutait que même si sa maison avait été frottée, briquée chaque jour de la semaine, même si on lui avait servi midi et soir du *tcholent,* il n'aurait rien vu, rien senti de la même façon. Cela prouvait que le *chabbat* n'est pas un jour comme les autres puisque ce jour-là l'homme est différent. Alors, poète, amoureux des images, Israël disait que le vendredi non seulement la princesse venait se fiancer à lui mais qu'elle lui offrait aussi une seconde âme, l'âme du *chabbat.*

Pour être digne de sa princesse, Israël se débarrassait de ses vêtements rapiécés, ôtait ses vieilles bottes. Il se lavait, se coiffait, se frictionnait. Mais se laver, se coiffer, se frictionner ne lui semblait pas assez. Alors, il se rendait au bain rituel, le *mikvé.* Là, il se purifiait, se plongeant par trois fois dans un bassin où l'on avait recueilli de l'eau de pluie. Parfois, l'hiver, entre le *mikvé*[3] et sa maison, il attrapait dans la barbe de petits glaçons. Il n'y prêtait guère attention, se préoccupant seulement du soleil qui déclinait dans le ciel.

Il était temps pour lui de revêtir sa plus fine chemise, son plus beau pantalon, le plus soyeux de ses caftans, de se coiffer de son chapeau des jours de fête, celui bordé de marte et de prendre son châle de prière, son *talit.* C'est ainsi, tandis que le ciel continuait de s'assombrir, qu'il gagnait la synagogue.

A l'instant précis où le soleil se couchait, les épaules recouvertes de son châle de prière, Israël entonnait un chant qui disait...

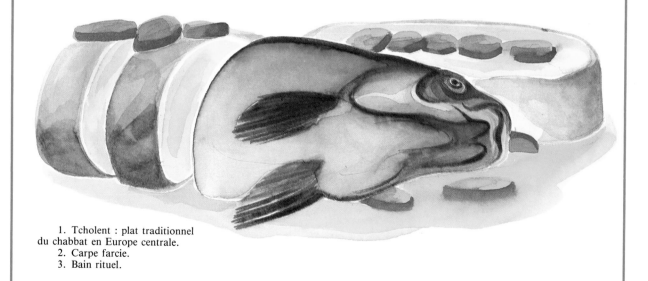

1. Tcholent : plat traditionnel du chabbat en Europe centrale.
2. Carpe farcie.
3. Bain rituel.

Viens mon bien-aimé, au-devant de ta fiancée.
Le chabbat paraît, allons le recevoir...[1]

Après l'office du soir, le colporteur repliait son châle de prière et, d'un pas allègre, regagnait sa demeure. Mais soudain, à mi-chemin, il ralentissait, persuadé d'être suivi. Il n'avait pas besoin de se retourner pour savoir qu'il ne s'agissait pas de brigands mais de deux êtres invisibles, l'ange du Bien et l'ange du Mal qui, chaque vendredi soir, accompagnent les juifs jusqu'au seuil de leur maison.

Pourquoi faisaient-ils cela? Pour vérifier que les femmes avaient bien accueilli le *chabbat* comme il se devait. Afin que le repos de ce jour soit respecté, il fallait en effet qu'elles aient achevé tous travaux ménagers et allumé les lumières du *chabbat* avant le coucher du soleil. Que l'une d'elles ait cuisiné après cette heure et l'ange du Mal, ricanant, dirait : « Eh bien, qu'il en soit ainsi la semaine prochaine! », tandis que l'ange du Bien, tristement, serait obligé de répondre : « Amen! »

Mais Israël ne craignait rien. Il avait confiance en sa femme. Il savait qu'avant le coucher du soleil elle avait recouvert le fourneau d'une plaque de métal sous laquelle brûlerait un petit feu pendant tout le *chabbat* afin de garder les aliments au chaud sans avoir besoin de toucher au réchaud. Il savait aussi qu'avant le coucher du soleil,

1. Premières paroles de la prière Lekha Dodi.

elle avait dressé la table. Une nappe blanche. Un gobelet d'argent et une coupelle de sel devant l'assiette d'Israël. Deux pains nattés recouverts d'un napperon brodé au centre. Et de part et d'autre de ces pains, deux chandeliers. Il savait enfin qu'avant le coucher du soleil, elle s'était approchée des chandeliers, avait allumé leurs bougies en disant : « *Béni sois-tu, Éternel notre Dieu, Roi de l'univers qui nous as sanctifiés par tes commandements et nous as ordonné d'allumer les lumières du chabbat.* »

Alors, lorsqu'il poussait la porte de sa demeure, Israël entendait presque l'ange du Bien qui disait : « Qu'il en soit ainsi la semaine prochaine ! », tandis que l'ange du Mal, furieux, répliquait : « Amen ! »

La porte refermée, Israël appelait ses fils et les bénissait pour que l'Éternel les rende semblables à Éphraïm et Manassé. Sa femme agissait de même avec leurs filles pour qu'elles soient pareilles à Sarah, Rébecca, Rachel et Léa et tous prenaient place autour de la table.

Mais un repas de *chabbat* n'est pas un repas ordinaire. Voilà pourquoi Israël commençait par verser du vin dans le gobelet en argent. Il le remplissait à ras bord, en signe d'abondance, puis il l'élevait et bénissait le vin des paroles consacrées du *kiddouch* : « *Béni sois-tu, Seigneur notre Dieu, Maître du monde, Créateur du fruit de la vigne. Béni sois-tu, Notre Dieu, Maître du monde, qui nous as sanctifiés par Tes commandements et dans Ta bienveillance à notre égard nous as donné Ton saint chabbat...* »

Ensuite, il buvait une gorgée de ce vin et chaque membre de sa famille en buvait après lui. Ce premier acte accompli, tous se levaient pour se laver les mains. Après cela, ils reprenaient place à table sans prononcer un mot afin que rien ne vienne interrompre le moment où ils s'étaient purifiés de celui où ils mangeraient la première bouchée du repas. C'est dans ce silence qu'Israël soulevait le napperon recouvrant les pains nattés, les *'halot*.

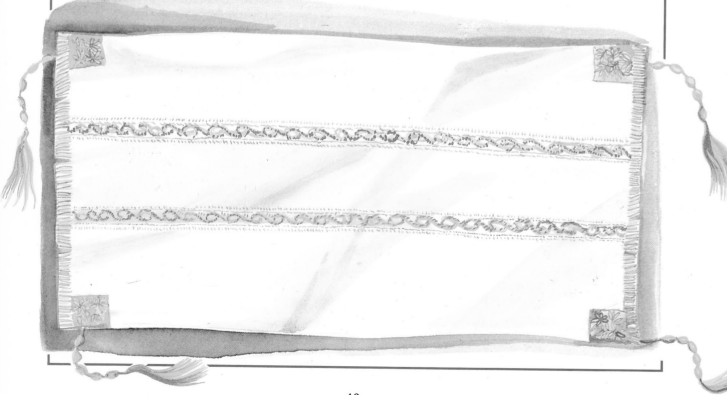

Se souvenant du temps de l'Exode où les Hébreux, dans le désert du Sinaï, recevaient chaque *chabbat* une double ration de manne, il prenait les deux pains, les joignait l'un contre l'autre et les bénissait. Se rappelant comment chaque offrande apportée au temple de Jérusalem était accompagnée de sel, il rompait le pain, trempait les morceaux dans le sel et les distribuait. Alors seulement le repas commençait. Un repas au cours duquel Israël ne manquait jamais de raconter l'histoire de rabbi Yechoua ben 'Hanania.

Cela se passait à Rome, du temps de l'Empire. Un soir de *chabbat,* l'empereur, qui avait à son service les meilleurs cuisiniers de la terre, fut invité chez ben 'Hanania. A la fin du dîner, il dit au rabbin : « Jamais je n'ai mangé mets aussi succulents. — C'est que nous avons une épice spéciale pour les préparer, répondit Yechoua. — Donne-la-moi ! fit l'empereur. — Je ne le peux, répliqua le rabbin. Elle s'appelle *chabbat* et n'a aucun pouvoir pour ceux qui ne le respectent pas. »

Mais Israël respectait le *chabbat* et le samedi, de bon matin, il se rendait à la synagogue. Là, au milieu des fidèles, il chantait des prières anciennes, celles dont on disait qu'elles avaient été composées en Espagne au XIe siècle et celles dont on assurait qu'elles avaient été dictées par l'Éternel lui-même.

Couvert de son châle de prière, il enchaînait les hymnes aux bénédictions jusqu'au moment solennel où l'un des fidèles tirait le rideau se trouvant au fond de la synagogue. Alors, ainsi dévoilée aux regards, la *Tora* apparaissait avec son superbe man-

telet de velours brodé, sa couronne d'argent, et tous chantaient : « *Lorsque l'Arche partait, Moïse disait... Lève-toi Seigneur, que tes ennemis soient dispersés devant Toi, que tes adversaires fuient devant Ta face.* »

Des hommes portaient la *Tora* en procession, la promenant parmi l'assemblée où chacun voulait l'effleurer du coin de son *talit*. Avec des soins infinis, ils la déposaient sur la *bima,* le pupitre dressé au centre de la synagogue, comme autrefois la tente contenant l'Arche sainte se trouvait au milieu des tribus d'Israël. Ils ôtaient le mantelet, découvrant des rouleaux de parchemin enroulés autour d'axes de bois.

Sur ces rouleaux, tout le Pentateuque avait été retranscrit. A chaque semaine de l'année correspondait un passage. Il y avait ainsi cinquante-quatre passages, eux-mêmes divisés en sept parties, une par jour, une pour chacun des sept hommes appelés, le jour du *chabbat,* pour lire le passage de la semaine.

Lorsque ces sept hommes avaient lu, un huitième montait à la *bima*. Il reprenait la lecture du dernier verset et lui enchaînait celle d'un passage du Livre des Prophètes.

Après ces différentes lectures, la *Tora* était de nouveau portée en procession, puis rangée. Et tandis que l'on refermait le rideau, les fidèles chantaient : « *Et lorsque l'Arche faisait halte, Moïse disait... Reviens siéger, Seigneur, parmi les myriades d'Israël.* »

L'office terminé, Israël rentrait chez lui où un nouveau repas l'attendait, précédé de la bénédiction du vin, de l'ablution des mains et de la bénédiction du pain.

L'après-midi, détendu, débarrassé des soucis du travail, de la fatigue de ses longues marches de villes en villages, le colporteur lisait des Psaumes ou bien des *Pirké Avot,* des maximes des grands rabbins d'Israël consignées dans un recueil.

C'est dans la douceur de ce *chabbat,* à la fin de la journée, que toute la famille s'attablait pour un troisième et dernier repas.

Le soleil se couchait. L'ombre s'étendait sur les arbres, la neige. La première étoile apparaissait dans le ciel et Israël se levait, prenait une boîte d'épices odorantes, une bougie aux multiples mèches, tressée comme le pain, une coupe de vin. A son tour, la seconde étoile brillait. Déjà la princesse Chabbat s'éloignait.

Comme il l'avait accueillie au coucher du soleil, Israël la raccompagnait à la troisième étoile. Pour cela, il bénissait les épices, le vin. Il allumait la bougie et l'éteignait, jetant quelques gouttes de vin sur sa flamme. Puis il respirait les épices afin de flatter son âme quotidienne, pour la retenir si jamais elle avait été tentée de suivre la princesse et l'âme du *chabbat* qu'elle remportait.

Le lendemain, dès l'aube, Israël reprenait ses ballots dans la neige, la poussière et le soleil, marchant de villes en villages dans l'attente du prochain *chabbat*.

C'est ainsi qu'il voyait le printemps succéder à l'hiver et l'été au printemps. C'est ainsi que l'automne s'approchait à l'époque où l'on rentre les moissons et commence les vendanges. Dans le calendrier d'Israël, cette époque correspondait au mois d'*Elloul,* le dernier mois de l'année hébraïque.

En ce mois-là, dans chaque synagogue, après l'office du matin et celui du soir, on soufflait dans une corne de bélier qu'on appelait le *chofar.* La sonnerie qui retentissait de la sorte ressemblait à une longue plainte, un appel qui voulait réveiller l'âme des hommes pour qu'ils se souviennent de tout ce qu'ils avaient accompli durant l'année écoulée.

Certains juifs se moquaient de l'appel du *chofar* et continuaient de vaquer à leurs affaires en se bouchant les oreilles. D'autres, comme Israël, se rappelaient que malgré toute leur bonne volonté, leurs efforts, ils avaient commis de petits ou de grands péchés. Ceux-là se rendaient à la synagogue au milieu de la nuit et jusqu'à l'aube s'y repentaient, y récitaient des *Pardons* où ils énuméraient toutes les fautes qu'un homme peut se reprocher. En effet, dans ces prières, ils prenaient à leur compte leurs propres fautes mais celles aussi de ceux qui oubliaient de se repentir. Alors, quand s'achevait le mois d'*Elloul,* quand venait celui de *Tichri,* ils affrontaient le nouvel an l'âme sereine.

ROCH HA CHANA – LE NOUVEL AN

Roch ha Chana se fête le 1er Tichri qui est le premier mois de l'année hébraïque (septembre-octobre). Le nouvel an juif est consacré au réveil des consciences. C'est à cette fin que l'on sonne dans une corne de bélier, le *chofar.*

Le premier du mois de *Tichri,* Israël fêtait le nouvel an, *Roch ha Chana.* Comme toute personne le fait à cette occasion, il ouvrait un nouveau calendrier. Mais celui-ci indiquait un chiffre qui peut paraître astronomique car Israël comptait les années à partir de la création du premier homme, Adam. Pour donner une idée de ce qui pouvait être inscrit sur le calendrier d'Israël, il suffit de savoir que lorsque débuta l'ère chrétienne, les juifs se trouvaient pour leur part en l'an 3760.

Mais pour le colporteur, *Roch ha Chana* n'était pas seulement l'occasion d'une réjouissance, c'était avant tout le jour du bilan, celui où les hommes se rappelaient ce qu'ils avaient fait pendant l'année passée et où l'Éternel les jugeait.

Selon une image, à *Roch ha Chana*, l'Éternel tient devant lui trois livres ouverts. Dans le premier, les noms des justes seraient inscrits. Dans le second, les noms des méchants seraient écrits. Dans le troisième figureraient les noms de ceux qui étaient méchants un jour, justes un autre. Aux justes, l'Éternel accorderait le bonheur, la vie. Aux méchants, la souffrance, la mort. Quant aux autres, tout dépendrait de la sincérité de leur repentir.

Ainsi, pour Israël, comme pour tous les juifs, *Roch ha Chana* était une fête grave mais ce n'était pas une fête triste. Au contraire!

Dans la maison du colporteur, le dernier soir du mois d'*Elloul,* on avait allumé les bougies comme pour un *chabbat*. Et comme pour un *chabbat,* au centre de la table nappée de blanc, sa femme avait disposé deux pains nattés. Seulement, ce soir-là, après la bénédiction du vin et l'ablution des mains, au lieu de tremper le pain dans le sel, Israël le trempait dans le miel. De même, il bénissait une pomme et trempait aussi ses quartiers dans le miel. Tout cela, il le faisait symboliquement, pour montrer qu'il attendait de cette nouvelle année qu'elle soit aussi douce que le suc des fleurs butinées par les abeilles. Pour la même raison, au repas de ce soir-là ne figurait aucun plat dont le goût fût aigre ou amer.

En signe de pureté, la synagogue était tendue de blanc, du napperon de la *bima* au mantelet de la *Tora*. Même les hommes étaient vêtus de caftans blancs.

Pendant les deux jours où on célébrait *Roch ha Chana,* au cérémonial habituel, les fidèles ajoutaient des prières réservées au nouvel an. Bien sûr, elles rappelaient l'idée du jugement, mais elles s'achevaient également sur une note d'espoir. C'était le cas par exemple de la prière *Ounethané Tokef* qui disait...

« *Oui, tu es celui qui juge, qui sait et qui est témoin, qui écrit, scelle, compte. Tu te souviens des choses oubliées et tu ouvres le livre des souvenirs et les faits s'énoncent d'eux-mêmes, où toute action est signée de la main de chacun. Et soudain le grand chofar retentit... Les anges même tressaillent car même eux à tes yeux ne sont pas innocents... Mais pénitence, prière et bienfaisance détournent la rigueur de la sentence.* »

A côté de ces prières, on lisait dans la *Tora* le récit de la naissance et du sacrifice d'Isaac.

Pourquoi Isaac?

Parce que l'Éternel demanda à Abraham de lui sacrifier son fils. Mais quand, la mort dans l'âme, Abraham fut sur le point d'immoler Isaac, l'Éternel l'appela : « Abraham, Abraham! » Abraham répondit : « Me voici! » Alors, l'Éternel lui dit : « Ne porte pas la main sur ce jeune homme. Ne lui fais aucun mal. Car désormais, j'ai compris que tu honores l'Éternel, toi qui ne m'as pas refusé ton fils, ton fils unique. »

A ce moment, Abraham aperçut un bélier. Il alla le prendre et l'offrit en sacrifice à la place d'Isaac.

Dans chacune des cornes de ce bélier on fit un *chofar,* semblable à celui qui résonnait à la synagogue matin et soir durant le mois d'*Elloul.* Et après la lecture de la *Tora,* c'est encore la sonnerie du *chofar* qui se faisait entendre dans la synagogue du colporteur.

Il y avait trente sonneries, retentissant selon un rythme consacré. Certaines ressemblaient à des soupirs, d'autres à des sanglots. Mais la dernière note était longue et limpide comme un cri de joie et d'espoir. De cette manière, Israël et tous les fidèles voulaient exprimer qu'ils s'étaient souvenus de leurs fautes, avaient imploré leur pardon et avaient foi en celui de l'Éternel.

A la fin du deuxième jour de *Roch ha Chana,* après la sonnerie du *chofar* et avant que les fidèles se séparent, les descendants des prêtres de Jérusalem, les *cohanim,* étendaient leur châle de prière comme un vaste dais au-dessus de leurs têtes et bénissaient l'assemblée ainsi que le faisaient autrefois leurs ancêtres.

Oui, *Roch ha Chana* était une fête grave et non triste. D'ailleurs, quand Israël rentrait chez lui, ses enfants, tout excités, l'entouraient.

« Maman a acheté un fruit nouveau, un fruit que nous n'avons pas encore mangé cette année. Mais elle l'a caché et nous ne savons pas ce que c'est.

— Moi non plus, je ne sais pas ce que c'est, répondait Israël. Mais puisque nous allons manger un fruit que nous n'avons pas encore goûté, je réciterai la bénédiction que l'on prononce chaque fois qu'il nous arrive quelque chose d'heureux[1]. Ainsi cette nouvelle année commencera-t-elle dans la joie. »

Le miel, un fruit nouveau! Pour les enfants du colporteur, le dernier repas de *Roch ha Chana*, pris avant le crépuscule, ressemblait à un festin. Est-ce à cause de ces agapes qu'Israël leur proposait d'aller jusqu'à la rivière? Une promenade digestive en quelque sorte! Ce serait oublier que dans la maison du colporteur les agapes péchaient souvent par frugalité. En réalité, le but de cette promenade constituait le dernier rite de *Roch ha Chana*.

Peut-être faut-il préciser que la rivière dont parlait Israël n'était en vérité qu'un ruisseau, bordé cependant d'ombelles et de roseaux. Mais là, comme s'il avait eu devant lui tout l'océan, Israël disait : « *Quel Dieu t'égale, Toi qui pardonnes les iniquités, qui fais grâce aux offenses commises? Toi qui ne gardes pas à jamais ta colère, parce que tu te complais dans la bienveillance. Oui, tu nous reprendras en pitié, tu étoufferas nos iniquités, tu plongeras tous nos péchés dans les profondeurs de la*

1. Bénédiction *Chéhé 'héyanou*.

47

mer. » Et, symboliquement, il retournait les poches de sa redingote comme s'il avait voulu jeter ses péchés dans l'eau du ruisseau[1].

Roch ha Chana était achevé mais le cycle des fêtes du mois de *Tichri* se poursuivait. En effet, si à *Roch ha Chana* les hommes avaient comparu devant le tribunal de l'Éternel, celui-ci ne rendait son jugement que dix jours plus tard, à *Yom Kippour*.

Voilà pourquoi, durant ces dix jours, Israël prenait soin d'établir son chemin en fonction des villages où il trouverait une synagogue. Il lui arrivait de marcher toute une nuit, le dos courbé, l'épaule lourde sous les ballots et hâtant le pas malgré tout. Car c'était à l'heure où les étoiles brillent encore dans le ciel qui pâlit que les hommes se réunissaient à la synagogue pour réciter des Pardons, comme ils l'avaient fait pendant le mois d'*Elloul*.

Et ainsi, d'aube en d'aube, le soleil se levait sur le 9 du mois de *Tichri*.

1. Cérémonie de Tachlikh.

YOM KIPPOUR – LE GRAND PARDON

Yom Kippour se fête le 10 Tichri. Ce jour-là, les juifs se repentent de toutes les fautes qu'ils ont commises pendant l'année écoulée et prennent de bonnes décisions pour la nouvelle année. Le jour de Yom Kippour est un jour de jeûne et de prières.

Quand Israël revenait dans son village le vendredi après-midi, il devinait à de petites choses, une atmosphère particulière, que la princesse Chabbat s'était mise en route. De la même façon, le 9 du mois de *Tichri,* il sentait que *Yom Kippour* approchait. A quoi cela tenait-il ? Aux femmes aperçues par les fenêtres qui, bien qu'il fît encore grand jour, dressaient déjà la table du dîner. Aux gens qu'ils croisaient et qui semblaient plus graves, plus silencieux que d'ordinaire. Car le jour de *Yom Kippour,* plus encore que celui de *Roch ha Chana,* était celui du repentir. Repentir pour les fautes commises envers l'Éternel, en ne respectant pas ses commandements par exemple. Repentir aussi et surtout pour les fautes commises envers les hommes. Voilà pourquoi à partir du 9 du mois de *Tichri* au coucher du soleil et pendant toute la journée du 10 jusqu'à l'apparition de la troisième étoile, les juifs oubliaient tout ce qui fait la vie matérielle. Ils ne mangeaient pas. Ils ne buvaient pas. Ils ne se lavaient pas. Ils ne travaillaient pas. Ils ne portaient pas de vêtements ornés ou des chaussures de cuir. Ils se souvenaient de leurs fautes. Ils réfléchissaient. Ils priaient. Ils prenaient de bonnes résolutions. Et ainsi faisait Israël et d'autres choses encore afin de se préparer à ce jour de *Yom Kippour.*

Ses ballots à peine posés, il se lavait. Ensuite, il se rendait avec ses fils au bain rituel. En sortant de là, il leur disait :

« Si vous avez fait du tort à quelqu'un, c'est le moment d'aller lui présenter des excuses et de lui demander pardon. »

Souvent, ses fils baissaient la tête, hésitants. Alors, Israël ajoutait :

« Écoutez-moi bien ! Le jour de *Kippour* est un jour saint. Et parce que c'est un jour saint, nous savons que l'Éternel nous pardonnera les fautes commises à son égard. Mais il ne nous pardonnera pas les fautes commises envers un homme. Cela, seul celui qui a souffert à cause de vous peut le faire. Je sais que c'est dur de reconnaître que l'on n'est pas parfait, de s'humilier. Mais c'est la meilleure action que vous puissiez faire le jour de *Kippour.* Au regard de l'Éternel, cela vaut peut-être plus encore que le jeûne et les prières car cela prouvera que votre repentir est sincère. »

Alors les enfants du colporteur obéissaient, oubliant leur amour propre.

Une heure avant le coucher du soleil, toute la famille se mettait à table. Cependant, les mets délicieux, la gourmandise étaient exclus de ce repas qui avait pour seul but de préparer le corps au jeûne de *Kippour.*

Après le dîner, une fois les lumières de *Kippour,* les deux bougies, allumées, tous se rendaient à la synagogue. Comme pour *Roch ha Chana,* elle était tendue de blanc et comme pour *Roch ha Chana* les hommes avaient revêtu des caftans blancs.

Le jour baissait. Un silence impressionnant s'emparait de la synagogue. Alors, la mélodie vibrante et solennelle du *Kol Nidré*[1] s'élevait, chantée à trois reprises par

1. Kol Nidré : des premiers mots d'une prière qui déclare comme nuls tous les serments que l'on aurait pu se faire à soi-même un peu à la légère. Ceci ne vaut que pour ce genre de vœux et non pour les promesses faites à autrui.

le chantre. A la fin de cette prière, il proclamait : «*Il sera pardonné à toute la communauté des enfants d'Israël ainsi qu'à l'étranger qui séjourne parmi eux.* » *Yom Kippour* avait commencé.

Après ce premier office du soir, certains rentraient chez eux, d'autres demeuraient à la synagogue toute la nuit pour étudier. Mais le lendemain matin, très tôt, tous se retrouvaient pour prier ensemble jusqu'à l'apparition de la troisième étoile.

On peut s'imaginer facilement que, pour remplir une journée, il fallait un grand nombre de prières. Certaines d'entre elles étaient répétées à plusieurs reprises. C'était le cas de celle où l'on énumère par ordre alphabétique tous les péchés qu'un homme

peut commettre et que les fidèles récitaient en se frappant la poitrine du poing à chaque faute énoncée. D'autres n'étaient dites qu'une fois mais avec une ferveur particulière. Il en allait ainsi de la prière du souvenir, *Izkhor,* dite en mémoire de ceux qui sont morts.

De prière en confession, on s'acheminait vers le soir. « *Ouvre-nous la porte à l'heure où la porte se ferme, car le jour est à son déclin. La lumière baisse, le soleil va disparaître, laisse-nous entrer dans tes portes !* », imploraient les fidèles, priant l'Éternel de leur ouvrir les portes de la vie au moment où, à la fin de *Yom Kippour,* les portes du ciel et de son tribunal allaient se refermer.

Les *cohanim,* étendant leurs châles de prière au-dessus de leurs têtes, bénissaient l'assemblée qui, à la suite du chantre, répétait : « *Écoute Israël, l'Éternel est Un, l'Éternel est ton Dieu.* » Alors, la sonnerie du *chofar* retentissait en une seule et longue note. *Yom Kippour* était terminé mais déjà on préparait la fête suivante, celle des cabanes, *Souccot.*

SOUCCOT – LA FÊTE DES CABANES

Souccot se fête du 15 au 21 Tichri. Pendant une semaine, les juifs doivent manger et passer le plus long temps possible dans une cabane. Ils font cela en souvenir de l'époque où les Hébreux, après la sortie d'Égypte, vivaient sous la tente dans le désert du Sinaï.

Souccot commençait cinq jours après *Yom Kippour* et, pendant sept jours, les juifs devaient prendre leur repas, étudier dans des cabanes en souvenir du temps où les Hébreux vivaient sous la tente et sous la seule protection de l'Éternel qui les guidait dans le désert du Sinaï.

Voilà pourquoi, dès qu'ils étaient rassasiés, le soir même de *Yom Kippour,* Israël et ses enfants s'en allaient derrière la maison, là où se trouvait la cour.

Chacun partait dans une direction différente, cherchant le meilleur endroit pour édifier la cabane, la *soucca.* Cependant, tous marchaient non pas les yeux tournés vers le sol mais le nez pointé vers les étoiles. En effet, la cabane ne devait être protégée ni par un balcon, ni par les branches d'un arbre. Il fallait la construire à découvert sans que rien ne s'interposât entre elle et le ciel. De la sorte, dans cette hutte fragile, Israël et ses enfants remettraient entièrement leur sort entre les mains de l'Éternel.

L'emplacement de la *soucca* choisi, tous allaient au lit. Mais dès le lendemain, les enfants d'Israël s'activaient. Les plus grands portaient des pieux bien plus hauts qu'eux, les plus jeunes des toiles de tente. Ils plantaient les pieux en terre comme les quatre piliers d'un carré. Entre ceux-ci, ils tendaient les toiles. Puis, montés sur une échelle, ils couvraient le tout avec des planches, prenant soin qu'elles ne se touchent pas afin que, de l'intérieur de la *soucca,* on puisse toujours apercevoir le ciel.

Les jours suivants, ils se rendaient dans la forêt pour y couper des branchages et des feuillages. De ceux-ci, ils ornaient le toit de la *soucca.* Ils y transportaient aussi une table, des chaises, les plus beaux objets de la maison comme les chandeliers en argent, des tapis de table, des coussins et des napperons. Ils décoraient encore les murs de toile, de guirlandes, de fleurs.

Pendant ce temps, Israël avait repris ses ballots, promettant d'être de retour le 14 du mois de *Tichri* et de rapporter l'élément essentiel de la cabane, le *loulav*.

Le *loulav,* c'était un bouquet... Mais un bouquet spécial composé d'une palme à laquelle étaient liés trois rameaux de myrte et deux branches de saule. Outre ces trois espèces, le colporteur devait également trouver un cédrat lisse, parfait.

Pourquoi fallait-il déposer dans la *soucca* ce bouquet de trois plantes différentes et ce fruit? Parce que la fête de *Souccot* était autrefois célébrée, en terre d'Israël, à l'époque des récoltes. Alors, en vivant dans la *soucca,* les juifs se souvenaient qu'ils avaient habité sous la tente. En regardant le *loulav,* ils se rappelaient aussi que l'Éternel les avait fait sortir du désert pour leur donner une terre de lait et de miel dont le *loulav* symbolisait la fécondité.

Mais pour en revenir à Israël, fidèle à sa promesse, le 14 du mois de *Tichri* il rapportait le *loulav* et le cédrat dont le parfum tout à la fois doux et poivré se répandait dans la cabane.

Avant le coucher du soleil, sa femme, comme pour chaque fête, allumait les deux bougies. Le colporteur se rendait à la synagogue et, à son retour, tous pénétraient dans la cabane pour dîner.

Après les jours de repentir et de jeûne de *Roch ha Chana* et de *Yom Kippour,* rien ne semblait plus merveilleux, aux yeux des enfants d'Israël, que ce repas. Pour eux, *Souccot* avait un goût de robinsonnade. Inutile de leur rappeler la signification de la fête! Les feuilles des arbres pouvaient tomber, le ciel se charger de nuages et les rivières se gonfler, pendant sept jours ils s'imaginaient nomades du désert, menant leurs troupeaux vers des oasis cachées dont eux seuls connaissaient le secret.

Comment n'auraient-ils pas été tristes de voir cette fête s'achever? Alors, ils prolongeaient le cycle des fêtes de *Tichri* en prenant un dernier repas dans la *soucca* le 22 de ce mois. Puis, le 23, tous se rendaient à la synagogue.

SIM'HAT TORA – LA JOIE DE LA TORA

Sim'hat Tora se fête le 23 Tichri. Ce jour-là, on achève la lecture de la Tora (Pentateuque) qui doit être lue tout au long de l'année et on la reprend aussitôt au premier verset de la Genèse. Sim'hat Tora est une fête d'allégresse où les hommes chantent et dansent en portant les rouleaux de la Tora sur leur épaule.

Les enfants portaient des drapeaux, les femmes des friandises. Tous les rouleaux de la *Tora* lus au cours de l'année étaient sortis. Et comme rien ne saurait interrompre l'étude de la *Tora,* une fois le dernier verset lu, on enchaînait aussitôt sur la lecture du premier verset, celui de la création de l'univers.

Les enfants agitaient leurs drapeaux. Les femmes jetaient les friandises depuis le balcon de la synagogue et les hommes, *Sefer-Tora*[1] sur l'épaule, dansaient et chantaient. C'était la fête de la *Tora,* cette *Tora* pour laquelle il arriva aux juifs de se révolter et de se battre.

1. Sefer-Tora : Livre de la Tora.

53

'HANOUCCA – LA FÊTE DES LUMIÈRES

'Hanoucca se fête du 25 Kislev au 2 Tévète (décembre). On allume chaque jour une bougie d'un chandelier à huit branches.

Cela se passait il y a très longtemps, à l'époque où les juifs n'étaient pas encore dispersés sur toute la terre et où il y avait un temple à Jérusalem. En ce temps-là, des tyrans étrangers, les Séleucides, régnaient en maître sur Jérusalem et le royaume de Judée. Or, parmi toutes les brimades qu'ils imposaient aux juifs, ils avaient interdit l'étude de la *Tora.* Alors, sous la conduite du grand prêtre Mattathias et de son fils, Judas Macchabée, les juifs se révoltèrent. Durant des années, ils combattirent les Séleucides. A la fin, ils parvinrent à reconquérir Jérusalem. Mais quand ils pénétrèrent dans le temple, ils virent que celui-ci avait été profané, que l'on avait dressé des idoles dans le Saint des saints.

Ils ôtèrent les effigies païennes, purifièrent le temple et se préparèrent à y célébrer de nouveau le culte. Mais quand ils voulurent allumer les lumières perpétuelles du chandelier à sept branches qui éclairait le temple, ils trouvèrent seulement une petite fiole d'huile consacrée. Elle contenait juste assez d'huile pour brûler une journée. Or, pour se procurer cette huile, il fallait attendre huit jours.

En effet, elle provenait des oliviers de Tekoa[1], ceux qui poussaient dans un champ dont la terre n'avait jamais été ni fumée, ni arrosée par la main de l'homme. De plus, seules les premières gouttes extraites de chaque olive pouvaient être utilisées. Malgré cela, ils décidèrent d'utiliser la fiole qu'ils avaient découverte. Le chandelier éclaira de nouveau le temple. C'était le 25 du mois de *Kislev.*

L'huile brûla tout ce jour, puis le lendemain, le surlendemain et ainsi pendant huit jours, illuminant le chandelier d'or. En souvenir de ce miracle, les juifs prirent l'habitude de célébrer la fête des lumières, *'Hanoucca.*

Mais le mois de *Kislev,* dans les pays d'Europe, c'est le mois de décembre, le mois de la neige. Le colporteur peinait sur les routes glacées. Pourtant, il marchait et marchait, s'effor-

1. Tekoa : ville du nord d'Israël.

çant de vendre le plus possible de marchandises. Chaque soir, il comptait l'argent gagné et à chaque pièce comptée il voyait se dessiner le bras d'une poupée aperçue dans une boutique, puis sa tête, ses yeux de porcelaine. Il pensait qu'en forçant le pas il visiterait un village de plus. Et un village de plus chaque jour, cela signifiait une poupée, un soldat de plomb, un cerf-volant à rapporter à la maison. Alors, il repartait et marchait encore sur les routes glacées.

Mais le 24 du mois de *Kislev,* dès qu'il poussait la porte de sa demeure, il était récompensé de ses efforts. La maison était briquée comme pour un *chabbat.* De la cuisine venaient de délicieuses et gourmandes odeurs. Ses enfants avaient revêtu leurs vêtements des jours de fête. Et devant la fenêtre, sa femme avait déposé la *'hanouquia.* C'était un chandelier de bronze avec huit branches alignées et une neuvième séparée des autres.

Un peu avant le coucher du soleil, en souvenir du miracle de la petite fiole, Israël allumait la neuvième bougie. Puis, devant toute sa famille réunie, à l'aide de cette bougie il allumait celle qui se trouvait le plus à droite de la *'hanouquia.* Faisant cela, il disait : « *Béni sois-tu, Toi qui nous as ordonné d'allumer la 'hanouquia... qui as fait des miracles pour nos ancêtres en ces jours-là.* »

Devant toutes les fenêtres des maisons juives de son village, la flamme du premier soir de *'Hanoucca* brillait. Dans la nuit venante, dans les rues blanches de neige et de silence, on entendait aussi, malgré les portes closes, les cris de joie des enfants qui recevaient leurs cadeaux. Une poupée, un soldat de plomb, un cerf-volant... Sur la table, la femme du colporteur déposait un plat de *latkess,* des galettes de pommes de terre chaudes, dorées et fondantes.

La petite flamme brillait encore, vacillante. Près d'elle, les enfants d'Israël jouaient à la toupie. Il s'agissait d'une toupie à quatre faces. Sur chacune de celles-ci était inscrite une lettre hébraïque. *Noun. Guimel. Hé. Chin.* Elles correspondaient aux initiales de chaque mot d'une phrase : *Ness Gadol Haya Cham...* « Il y eut là un grand miracle. » Lorsque la toupie tombait sur le *Guimel* de *Gadol,* celui qui avait lancé la toupie gagnait.

Le soir suivant, Israël allumait à l'aide de la neuvième bougie celle qui se trouvait à l'extrême gauche de la *'hanouquia.* Et pendant les six autres jours, chaque soir, il allumait une nouvelle bougie, remontant de la gauche vers la droite, jusqu'au soir où toute la *'hanouquia* était illuminée de huit bougies, une par jour où l'huile de la petite fiole avait brûlé dans le temple de Jérusalem.

Mais *'Hanoucca* n'était pas la seule occasion de célébrer un miracle ou un événement heureux de l'histoire juive. La fête de *Pourim,* au début du printemps, célébrait elle aussi l'un de ces souvenirs.

POURIM – LA FÊTE D'ESTHER

Il fut un temps où régnait un grand roi. Les peuples de la terre tremblaient en entendant son seul nom. Nabuchodonosor! roi de Babylone. Or, il vint un jour où Nabuchodonosor envahit le royaume de Judée et s'empara de Jérusalem. Il fit déporter une partie de la population.

Les exilés de Jérusalem s'assirent sur les rives du fleuve de Babylone comme lorsque l'on pleure un mort. Parfois les Babyloniens leur disaient : « Chantez-nous des chants de votre pays, des chants de Jérusalem. » Mais ils répondaient : « Comment chanterions-nous le cantique de l'Éternel en terre étrangère? Si je t'oublie Jérusalem que ma droite m'oublie, que ma langue s'attache à mon palais, si je ne garde ton souvenir[1]. »

Les rois de Babylone passèrent. Les juifs pleuraient toujours Jérusalem. Et voilà que sous le règne d'Assuérus, celui-ci convoqua les gouverneurs de ses cent vingt-sept provinces. Il les invita à un grand banquet et comme il voulait montrer combien il était puissant et combien sa femme était belle, il demanda à l'un de ses esclaves de faire venir la reine. Mais la reine refusa de se montrer. Alors les gouverneurs dirent au roi : « Répudie-la et prends une autre femme! » Aussitôt Assuérus envoya mille messagers au travers de son royaume. Ils avaient pour mission d'amener au palais les plus belles jeunes filles qu'ils trouveraient.

Mais voici que dans la capitale, Suse, vivait un vieux juif du nom de Mardochée. Il habitait avec sa nièce, Esther. Celle-ci était très belle. Aussi, dès qu'ils la virent, les messagers du roi décidèrent de l'emmener.

Juste avant qu'elle ne parte pour le palais, Mardochée la prit à part. Il lui dit : « Souviens-toi que tu es juive mais ne le révèle jamais. » Esther promit d'obéir à son oncle. Arrivée au palais, elle fut présentée au roi qui aussitôt décida qu'elle serait sa nouvelle reine. On conduisit Esther dans les appartements royaux et ainsi la vie continua.

A la même époque, Assuérus avait pour Premier ministre un certain Aman. Il l'aimait beaucoup. En fait il l'aimait tellement qu'il avait ordonné que tous se prosternent sur le passage d'Aman. Et tous se prosternaient, sauf Mardochée. Cela rendait Aman furieux. Un jour il demanda à Mardochée : « Pourquoi ne te prosternes-tu pas devant moi? » Mardochée lui répondit : « Je suis juif et un juif ne se prosterne que devant Dieu. »

Aman, rouge de colère, fouetta son cheval. Il se rendit auprès du roi et lui apprit : « Il y a dans ton royaume un peuple qui ne t'obéit pas. Tu as ordonné que tous se prosternent devant moi et eux ne le font pas. Toléreras-tu cela? Ne faut-il pas les punir? » En guise de réponse, Assuérus lui tendit son anneau d'or, ce qui signifiait qu'il était d'accord avec Aman.

Aussitôt Aman envoya des messagers auprès des gouverneurs des cent vingt-sept provinces, leur ordonnant de tuer tous les juifs, femmes, enfants, vieillards à la date du 14 *Adar*.

---

1. Psaume CXXXVII.

Quand il eut connaissance du sort réservé aux juifs, Mardochée se rendit aux portes du palais. Là, il s'assit par terre, déchira ses vêtements, couvrit sa tête de cendres. Bientôt des serviteurs rapportèrent à la reine Esther l'étrange comportement de cet homme. Celle-ci dépêcha l'une de ses servantes avec pour mission d'interroger son oncle.

« Aman a décidé la perte de tous les juifs de ce royaume. Que la reine intervienne en notre faveur », répondit Mardochée.

Intervenir ! Mardochée ignorait-il que la reine ne pouvait se présenter devant le roi sans qu'il l'ait convoquée ? Quiconque se risquait à enfreindre cette loi était condamné à mort. Mais d'autre part, elle ne pouvait laisser périr le peuple auquel elle appartenait. Alors elle fit dire à Mardochée que, pendant trois jours et trois nuits, elle jeûnerait et qu'elle demandait à tous les juifs de jeûner en même temps qu'elle. Ensuite elle se rendrait auprès du roi. Ainsi fut-il fait.

Quand Assuérus aperçut la reine, il abaissa son sceptre d'or, consentant de la sorte à la recevoir. Puis il lui dit : « Que veux-tu, reine Esther ? Demande-moi la moitié de mon royaume et je te la donnerai. » La reine répondit qu'elle ne désirait pas la moitié de son royaume mais l'inviter à un banquet en compagnie de son ministre Aman.

Le soir, Aman, très fier d'être ainsi honoré par la reine, se rendit au banquet. A la fin de celui-ci, Assuérus éleva sa coupe et dit à Esther : « Demande-moi la moitié de mon royaume et je te la donnerai ! » Mais Esther répondit qu'elle voulait seulement qu'il revienne dîner le lendemain soir en compagnie d'Aman. Ce dernier était fou de joie. Tous les juifs allaient périr. La reine l'invitait deux fois. Pouvait-il rêver plus grand bonheur ?

Le lendemain, comme la veille, Assuérus éleva sa coupe et dit à Esther : « Demande-moi la moitié de mon royaume et je te la donnerai ! » Alors Esther répondit : « Je ne veux pas la moitié de ton royaume. Je veux seulement te révéler que je suis juive. Or Aman a décidé la mort de tous les juifs. Je t'en prie, ô grand roi, sauve mon peuple. »

Assuérus annula aussitôt les ordres de son ministre. Et comme Aman avait osé nuire au peuple de la reine, il fut pendu au gibet qu'il avait fait préparer pour Mardochée. Cela se passa le 14 du mois d'*Adar*.

Ainsi, en souvenir de la reine Esther, les juifs prirent l'habitude de jeûner le 13 du mois d'*Adar*. Ce même jour, après le coucher du soleil, ils se rendent à la synagogue et lisent l'histoire de la reine Esther.

Aucun des enfants du colporteur n'aurait voulu être absent de la synagogue ce soir-là. Ils y emportaient des crécelles et, chaque fois que l'on prononçait le nom d'Aman, ils agitaient celles-ci tout en tapant des pieds.

Le lendemain, ils se déguisaient et sortaient ainsi dans les rues du village. Ils se rendaient dans une première maison et y offraient des fruits, des gâteaux et une pièce de monnaie. En échange, on leur donnait un pot de miel, une bouteille de vin doux et une pièce de monnaie qu'ils allaient porter dans une autre demeure et ainsi de suite jusqu'à ce que tout le monde ait reçu son cadeau de *Pourim* qui devait obligatoirement comprendre deux dons comestibles et un don en argent. Alors venait pour eux l'un des instants les plus attendus de la fête, le *festin de Pourim*.

Il commençait à la fin de l'après-midi et se prolongeait fort tard dans la nuit. Gâteaux au miel, au pavot, struddel aux pommes et à la cannelle, vin vieux et sucré qui enivrait légèrement, rires et chants... Ainsi les juifs se réjouissaient-ils pour leurs ancêtres qui avaient échappé à la mort, ainsi se réjouissaient-ils de la vie et de tous les biens terrestres que leur avait donnés l'Éternel. Mais, tout en festoyant, chacun savait qu'il n'aurait pu profiter de tout cela s'il lui avait manqué l'essentiel, la liberté ! Alors, dès le lendemain de *Pourim,* en reprenant la route, le colporteur se souvenait que bien avant la révolte des Macchabées et bien avant l'exil de Babylone, les Hébreux avaient été esclaves en Égypte. Se rappelant ce temps-là, il songeait déjà à la prochaine fête, celle du mois suivant, le mois de *Nissane, Pessa'h.*

PESSA'H – LA PÂQUE

Pessa'h se fête du 15 au 22 Nissane (mars-avril). On y célèbre la sortie d'Égypte des Hébreux. Pendant une semaine, on ne consomme aucun aliment contenant du levain. En effet, quand les Hébreux quittèrent l'Égypte sous la conduite de Moïse, ils n'eurent pas le temps de faire lever la pâte de leur pain.

Les Hébreux étaient esclaves en Égypte et l'Éternel entendit leur plainte. Il dit à Moïse : « Présente-toi devant Pharaon et demande-lui de laisser partir mon peuple. » Moïse fit ce que l'Éternel lui avait ordonné mais Pharaon refusa de laisser partir les Hébreux. Alors, un premier fléau s'abattit sur l'Égypte. Cependant Pharaon ne voulut pas céder.

A neuf reprises, Moïse se rendit auprès de Pharaon. Neuf fois l'Égypte fut frappée par un fléau différent : la peste, les moustiques, les sauterelles... Mais Pharaon continuait de refuser. Alors l'Éternel dit à Moïse : « Cette nuit, je passerai par le pays d'Égypte. Je frapperai tous les premiers-nés, depuis le premier-né de l'homme jusqu'au premier-né de la bête. Mais vous, vous aurez tué un agneau. Vous enduirez les linteaux de vos portes de son sang. Ainsi je reconnaîtrai vos maisons et vous épargnerai. Cet agneau vous le ferez rôtir et vous le mangerez avec des azymes[1] et des herbes amères, le bâton à la main, les reins ceints, prêts à partir. »

Cette nuit-là, la nuit du 14 au 15 *Nissane,* une immense lamentation monta du pays d'Égypte frappé par le dixième fléau. L'aîné de chaque famille venait de mourir. Cette fois, Pharaon accepta de laisser partir les Hébreux. Ainsi, ils retrouvèrent leur liberté et entrèrent dans le désert du Sinaï. Depuis lors, du 15 au 22 *Nissane,* les juifs fêtent leur libération et leur sortie d'Égypte.

L'une des principales règles de *Pessa'h* est l'interdiction de consommer pendant sept jours du *'hamets*[2], du levain, car il est écrit : « *Pendant sept jours, aucun levain ne sera trouvé dans vos demeures car quiconque mangera du 'hamets sera retranché de la communauté d'Israël*[3]. »

1. Azyme : galette de pain sans levain.
2. 'Hamets : levain dont la consommation est interdite pendant Pessa'h.
3. Exode XII-12.

Aussi, plusieurs jours avant le début de *Pessa'h,* la femme du colporteur commençait à nettoyer sa maison. Elle frottait le plancher, vidait les placards, lavait les vêtements afin d'éliminer toute trace de levain. Elle ôtait de sa cuisine tout ce qui contenait du *'hamets...* Les pâtes, les nouilles, les paquets de farine, la bière. Elle ébouillantait aussi l'évier, chauffait le réchaud au rouge afin de le purifier.

Le 13 *Nissane,* le colporteur revenait chez lui avec des paquets de pain azyme, les *matsot.* A la tombée de la nuit, une bougie à la main, une plume d'oie dans une autre, il partait à la recherche du *'hamets* que sa femme aurait pu oublier. A genoux, il fouillait les recoins du bout de sa plume. Ses enfants l'entouraient et soudain battaient des mains. Israël avait trouvé et brandissait un quignon de pain tandis que d'une grosse voix il lançait :

« Ah! Ah! On ne fait pas son travail? »

Bien sûr, tous savaient que la femme du colporteur avait déposé le quignon de pain exprès et que lui-même faisait semblant d'être en colère. Car il s'agissait là d'un rite qui lui permettait de réciter la *Bediqua*[1].

« *Que tout le levain et le 'hamets qui se trouvent en ma possession, que je n'aie pas vus ou pas enlevés, soient considérés comme nuls, semblables à la poussière de la terre.* »

Le lendemain, le 14 *Nissane,* Israël brûlait le quignon de pain en disant : « *Que tout le levain et le 'hamets qui se trouvent encore en ma possession, que je les aie vus ou ne les aie pas vus, que je les aie détruits ou ne les aie pas détruits, soient considérés comme nuls, semblables à la poussière de la terre.* »

Ce même jour, le 14 *Nissane,* la femme du colporteur rangeait la vaisselle dont elle se servait toute l'année et sortait les plats, les couverts, les casseroles, les verres que l'on utilisait seulement à *Pessa'h* car ils n'avaient jamais contenu de levain.

Avant le coucher du soleil, Israël se rendait à la synagogue. Mais l'essentiel de la cérémonie de ce premier soir de Pessa'h ne se déroulait pas dans la maison de prières[2] mais chez lui.

On avait coutume de dire que ce soir-là n'était pas comme les autres soirs. Et parce que ce soir-là n'était pas comme les autres soirs, la table était mise de façon différente.

Il n'y avait ni couverts, ni assiettes, seulement un verre et un livre devant chaque chaise. Le verre servirait à boire, évidemment. Quant au livre, il s'agissait de la *Haggada,* le récit de la sortie d'Égypte.

Au centre de la table se trouvait aussi un plateau à deux niveaux. Sur un premier niveau, la femme du colporteur avait disposé trois *matsot,* chacune recouverte d'un napperon. Sur le second, elle avait disposé de petits récipients qui contenaient du persil, du vinaigre, de la laitue, du raifort, un os rôti et garni de viande, un œuf dur cuit dans la cendre et une pâte brune faite de pommes râpées, de cannelle, d'amandes et de vin doux, le *'harossète.*

1. Bediqua : déclaration d'annulation.
2. Autre nom donné à la synagogue.

Chacun de ces aliments avait une signification symbolique. Les *matsot* représentaient le pain dur, le pain de misère que les Hébreux avaient mangé durant leur esclavage en Égypte. Elles symbolisaient également le pain que les Hébreux emportèrent dans le désert et dont la pâte n'eut pas le temps de lever à cause de la précipitation de leur départ. Le persil, la laitue et le raifort, herbes amères, rappelaient l'amertume des années de servitude en Égypte. Le *'harossète* figurait le mortier dont les esclaves hébreux se servaient pour confectionner des briques, briques avec lesquelles ils édifiaient les villes de Pharaon. L'os rôti représentait l'agneau de *Pessa'h* qui fut mangé juste avant le départ. Quant à l'œuf dur cuit dans la cendre, il marquait le deuil des juifs depuis la destruction du temple de Jérusalem.

En revenant de la synagogue, Israël prenait place au bout de la table et, comme à chaque fête, il versait du vin dans son gobelet en argent et le bénissait. Mais ce soir-là, pour boire ce vin béni, tous s'appuyaient sur le coude gauche. Car c'est ainsi, aux temps de l'Égypte ancienne, que buvaient les hommes libres.

Après la bénédiction du vin, Israël rompait une galette de pain azyme. Il ôtait l'os rôti et l'œuf dur du plateau et soulevait celui-ci, disant : « *Voici le pain de misère que nos ancêtres ont mangé dans le pays d'Égypte. Quiconque a faim, qu'il vienne manger avec nous.* » Ensuite, il remplissait de nouveau les verres de vin, mais personne ne buvait car à ce moment le plus jeune de ses enfants demandait :

« En quoi ce soir se distingue-t-il des autres soirs ? Pourquoi tous les autres soirs mangeons-nous du pain levé et ce soir du pain non levé ? Pourquoi tous les autres soirs mangeons-nous des herbes de toutes sortes et ce soir seulement des herbes amères ? Pourquoi tous les soirs buvons-nous assis et ce soir accoudés ? »

En réponse à ces questions, Israël ouvrait le livre de la *Haggada* et disait :

« Nous étions esclaves de Pharaon en Égypte et l'Éternel notre Dieu nous en fit sortir... »

Ainsi commençait le récit de la sortie d'Égypte et Israël racontait à ses enfants les souffrances des Hébreux, comment l'Éternel entendit leur plainte, comment Moïse se présenta devant Pharaon et comment l'Éternel frappa l'Égypte de dix plaies à cause du refus de Pharaon de laisser partir les Hébreux. Il leur enseignait la façon dont leurs ancêtres prirent leur dernier repas avant leur départ et comment ils quittèrent le pays de leur esclavage.

Parfois il s'interrompait dans ce long récit pour chanter une hymne à la gloire de l'Éternel ou pour accomplir un geste symbolique en rapport avec le passage de la *Haggada* qu'il venait de lire. Ainsi, quand il évoquait les dix plaies d'Égypte, il jetait une goutte de vin hors de son verre à chaque plaie énoncée.

Ce récit achevé, Israël concluait :

« Voilà pourquoi nous avons le devoir de remercier celui qui nous a conduits de l'esclavage vers la liberté, de la détresse vers la joie, du deuil vers la fête. »

C'est à ce moment seulement que tous buvaient, toujours appuyés sur le coude gauche, la deuxième coupe de vin servie avant le début du récit.

Après avoir bu, Israël, sa femme et ses enfants se lavaient les mains. Ensuite, le colporteur bénissait les *matsot,* les herbes amères, le *'harossète,* et chacun mangeait un morceau de pain azyme, puis des herbes amères trempées dans le *'harossète,* du raifort entre deux *matsot...* La première partie du *séder*[1] s'achevait.

La femme du colporteur apportait assiettes et couverts, ajoutant un couvert supplémentaire pour celui qui, peut-être, ce soir viendrait, annonçant le retour de tous les juifs vers Jérusalem, la fin de l'exil, le prophète Élie. Elle servait le bouillon aux boulettes de *matsot,* le *gefilte fish*[2]... et, à la fin du repas, le colporteur remplissait les verres pour la troisième fois. La deuxième partie du *séder* débutait alors.

Israël enchaînait les cantiques, les hymnes, les chants de gloire à l'Éternel. Il remplissait encore, une dernière et quatrième fois, les verres.

Il se faisait tard. Les enfants du colporteur luttaient contre le sommeil. Mais aucun d'entre eux n'aurait voulu s'endormir avant d'avoir entendu leur père proclamer : « *L'an prochain à Jérusalem!* » Aucun d'entre eux n'aurait voulu se coucher avant d'avoir répété ce vœu que les juifs prononcent chaque année le premier soir de *Pessa'h*. Et puis, autant qu'à ce vœu, il tenait à chanter la chanson du cabri, *'Had Gadya.*

« Un cabri, un cabri!
Que mon père avait acheté pour deux zouz[3].
Et vint le chat qui mangea le cabri
Que mon père avait acheté pour deux zouz.
Un cabri, un cabri!
Et vint le chien qui mordit le chat,
Qui avait mangé le cabri
Que mon père avait acheté pour deux zouz.
Un cabri, un cabri!
Et vint le bâton qui frappa le chien,
Qui avait mordu le chat, qui avait mangé le cabri,
Que mon père avait acheté pour deux zouz.
Un cabri, un cabri!

1. Séder : cérémonie de deux premiers soirs de Pessa'h.
2. Gefilte fish : carpe farcie.
3. Zouz : sou.

Le feu brûlait le bâton. L'eau éteignait le feu. Le bœuf buvait l'eau. Le boucher tuait le bœuf. L'ange de la mort tuait le boucher. Et vint le Saint, béni soit-il, qui tua l'ange de la mort qui avait tué le boucher, qui avait tué le bœuf, qui avait bu l'eau, qui avait éteint le feu, qui avait brûlé le bâton, qui avait battu le chien, qui avait mordu le chat, qui avait mangé le cabri... »

Dans leur premier rêve, les enfants du colporteur entendaient une voix chanter : « Un cabri, un cabri! », leur enseignant ainsi que quelle que soit la force des animaux, des éléments, des hommes et même des anges, aucune n'égale celle de l'Éternel.

Le lendemain soir, la même longue cérémonie se déroulait dans la demeure d'Israël où, pendant sept jours, on mangeait des *matsot* au lieu de pain levé.

Mais il arriva dans l'histoire que les quarante jours suivant l'allégresse de *Pessa'h* furent souvent pour les juifs des périodes sombres. En souvenir de ces deuils, toute réjouissance était interdite pendant cette durée. Mais alors venait la fête de *Chavouot,* celle où autrefois on célébrait, en même temps que la remise de la Tora au Sinaï, les premières moissons de la terre de Judée.

CHAVOUOT – LA PENTECÔTE

Chavouot se fête le 6 Sivane (mai-juin). On y célèbre la remise des tables de la Loi dans le désert du Sinaï et les moissons qui avaient lieu autrefois, à cette époque, en terre d'Israël.

En ce temps-là, tous les habitants du royaume montaient à Jérusalem. Ceux qui habitaient à proximité apportaient des figues fraîches et des grappes de raisin. Ceux qui venaient de plus loin apportaient des figues desséchées et des raisins secs. Un bœuf marchait devant eux, les cornes teintes d'or et couronné d'une couronne d'olivier. La flûte les précédait et chantait. Les envoyés des prêtres venaient à la rencontre du cortège. Tous les artisans de Jérusalem se levaient sur son passage et disaient : « Frères, soyez les bienvenus! » Et quand le cortège entrait dans la cour du temple, on entendait ce chant : « Je t'exalterai, Seigneur, car tu m'as relevé des profondeurs[1]. »

Malheureusement, de telles festivités ne pouvaient plus avoir lieu dans le village où habitait le colporteur. Cependant, en souvenir des premières récoltes de la terre de lait et de miel, dans chaque famille on mangeait ce soir-là des aliments à base de lait. Des tartes au fromage, des crèmes à la cannelle... Puis les hommes se rendaient à la synagogue et toute la nuit y étudiaient. Comment auraient-ils pu mieux célébrer ce jour où la Tora fut remise aux Hébreux qu'en l'étudiant?

Aux moissons anciennes de la terre d'Israël répondaient les moissons des champs que le colporteur longeait. Les blés dorés, les épis lourds. Le bel été!

1. Pentecôte : mot grec qui veut dire « le cinquantième ». La Pentecôte, chez les juifs, était la fête de la moisson mais aussi le jour où ils célébraient le don de la Loi à Moïse, sur le mont Sinaï, cinquante jours après le 16 du mois de Nissane. Chez les chrétiens, c'est le cinquantième jour après Pâques.

TICHA BE-AV – 9 DU MOIS D'AV

Ticha be-Av se fête le 9 du mois d'Av (août). On célèbre ce jour-là la destruction du temple de Jérusalem par les Romains en l'an 70. Ticha be-Av est un jour de jeûne, de deuil et de prières.

Au cours d'un été semblable, en l'an 70, le 9 du mois d'*Av,* l'armée romaine commandée par Titus envahit, après un long siège, la ville de Jérusalem. Des hommes, des femmes moururent par milliers tandis qu'au son des trompettes les Romains détruisaient le temple de l'Éternel.

Neuf du mois d'*Av, Ticha be-Av.* Des siècles plus tard, le colporteur pénétrait dans sa synagogue éclairée d'une faible lueur. Il s'asseyait sur un siège bas comme s'il avait pleuré un être cher et il jeûnait. Il jeûnait et priait tout le temps où fut détruit le temple de Jérusalem, tout le temps où il brûla jusqu'à ce qu'il fût rasé de la surface de la terre.

Mais après *Ticha be-Av* venait un nouveau *chabbat.* Le cycle des fêtes se poursuivait. Certaines étaient austères, d'autres joyeuses... à l'image de l'histoire d'Israël.

Nous étions quelque part dans le monde, assis dans une chambre, Emmanuel et moi. Il me regarda et me demanda :

« Tu es sûr que c'était une histoire vraie?

— Je n'en connais pas de plus vraie que celle-là. Car, ce que faisait Israël, tous les juifs l'avaient fait avant lui, le firent après lui et continuent de le faire. »

Je voulais encore ajouter un mot, peut-être une virgule à mon histoire, mais Emmanuel, le petit garçon qui aimait la vérité, s'était endormi.

LES MOIS ET LES FÊTES

— Septembre-octobre	— Tichri	— Roch ha Chana — Yom Kippour — Souccot — Sim'hat Tora
— Octobre-novembre	— Hechvane	
— Novembre-décembre	— Kislev	— 'Hanoucca
— Décembre-janvier	— Tevète	
— Janvier-février	— Chevat	
— Février-mars	— Adar	— Pourim
— Mars-avril	— Nissane	— Pessa'h
— Avril-mai	— Iyar	
— Mai-juin	— Sivane	— Chavouot
— Juin-juillet	— Tammouz	
— Juillet-août	— Av	— Ticha be-Av
— Août-septembre	— Elloul	

LES FÊTES MUSULMANES

« C'est curieux, personne ne mange, on dirait qu'ils attendent quelque chose… »

Cela faisait déjà un bon quart d'heure que François et ses parents se trouvaient dans ce restaurant, assis à une table près de la porte. La plupart des autres tables – il y en avait à peu près une vingtaine – étaient prises. Au fond de la salle, derrière la vitrine où s'alignaient les plats du jour qui mijotaient à petits bouillons dans leurs marmites de cuivre, les garçons s'affairaient. L'un, armé d'un plumeau, chassait les mouches agglutinées autour d'une pyramide de beignets au miel; l'autre remplissait la glacière de bouteilles d'eau; un troisième préparait sur son plateau la commande d'un client; et près de la caisse où trônait le patron qui, les yeux mi-clos, égrenait distraitement son chapelet, un enfant aux yeux noirs et au crâne rasé – il devait avoir huit ou neuf ans à peine – rangeait à grand fracas les fourchettes, les couteaux et les cuillers qu'un des marmitons venait de lui confier. Mais, c'était vrai, personne ne mangeait, bien qu'à chaque table le repas fût déjà servi. Et quel repas! Les nappes de papier étaient recouvertes de toute une mosaïque de plats qui formaient un curieux kaléidoscope de couleurs et de saveurs : aubergines farcies, lamelles de courgettes frites recouvertes de yoghourt, olives noires et olives vertes, fromages blancs de brebis, rondelles de saucisson, maquereaux salés macérés dans de l'huile, tranches de melon

jaune, petits dés de foie d'agneau, feuilletés au fromage ou à la viande, haricots secs en salade, crème d'œufs de poisson, bouquets de feuilles de romaine, boulettes de riz et de pignons en feuilles de vigne, et bien d'autres choses encore, au gré de l'appétit de chacun.

Lorsqu'il était entré dans ce restaurant, où ses parents avaient décidé de dîner ce soir-là parce qu'il leur avait paru particulièrement sympathique, François avait commencé par examiner les lieux. Il avait admiré aussi l'habileté avec laquelle le patron faisait défiler entre ses gros doigts les grains de son chapelet. Puis, cela l'avait soudain frappé : personne ne mangeait, tous les clients du restaurant semblaient attendre quelque chose. Certains d'entre eux consultaient même nerveusement leur montre en poussant de gros soupirs.

« C'est curieux, répéta-t-il. Pourquoi est-ce qu'ils ne mangent pas?

— Ils attendent la tombée de la nuit. N'oublie pas que nous sommes en Turquie et que, dans leur grande majorité, les Turcs sont musulmans. Pour eux, cela fait déjà une dizaine de jours qu'a commencé le mois de ramadān. Pendant ce mois, les fidèles doivent jeûner depuis l'aube jusqu'au coucher du soleil, c'est-à-dire qu'ils n'ont le droit ni de manger, ni de boire tant qu'il fait jour... »

Qu'il se trouvait en Turquie, ça, François le savait. Tous ces kilomètres qu'il avait faits, depuis le début des vacances, coincé entre deux valises sur la banquette arrière de la R4!

Au début, François avait trouvé ces vacances formidables. C'était la vraie aventure, chaque jour il se passait quelque chose d'imprévu : une panne de voiture en pleine montagne, la rencontre d'une caravane de chameaux... Ils avaient même assisté à un grand incendie de pinède. Mais peu à peu, tout avait commencé à se brouiller dans son esprit : les minarets, les vitrines de musée, les temples antiques, les bazars aux ruelles inextricables. Il faisait si chaud, et le soleil tapait si fort! Quelquefois, François se prenait à regretter les coups de vent et les embruns de la Bretagne.

Comme il avait faim à présent! Il était déjà presque huit heures du soir. Ce n'était pas lui qui attendrait que le soleil finisse de se coucher pour dévorer les brochettes d'agneau et le plat de riz que le serveur venait de déposer sur leur table.

« Et sais-tu pourquoi les musulmans jeûnent pendant le mois de ramadān? »

Non, François ne le savait pas. A l'école, son professeur d'histoire leur avait parlé un jour de la religion musulmane et un de ses camarades avait même fait un exposé sur la vie de Mahomet, mais tout cela lui avait paru compliqué et il n'avait pas écouté très attentivement.

« C'est durant le mois de ramadān qu'Allāh aurait révélé à Mahomet les premiers versets du Coran. Allāh, tu le sais, c'est le mot arabe par lequel les musulmans désignent Dieu. Quant au Coran, c'est la Bible des musulmans. Le mot ''Coran'' signifie à peu près, en arabe, ''lecture'' ou ''récitation''. Le Coran, c'est le livre sacré par excellence, celui qui regroupe toutes les prédications de Mahomet. On raconte que celui-ci avait l'habitude de se retirer dans un lieu désertique, près de La Mecque, pour prier et jeûner. Au cours de l'une de ces retraites solitaires — cela se passait vers l'an 610 de notre ère — il eut une apparition. C'était l'archange Gabriel qui, au nom d'Allāh, venait lui ordonner de se faire le messager de la parole divine auprès des hommes. Plusieurs versets du Coran font allusion à cette aventure. D'après la tradition, Mahomet avait commencé par refuser d'obéir à l'archange et, se croyant

possédé du démon, se serait éloigné de l'endroit de l'apparition avec l'intention d'aller se jeter dans un ravin, mais une voix venant du ciel, qui l'appelait apôtre du Seigneur, l'aurait finalement convaincu qu'il avait été désigné par Allāh pour porter aux hommes la vraie parole. Eh bien, vois-tu, c'est cet événement que célèbre le jeûne du ramadān. Durant ce mois, le neuvième du calendrier lunaire musulman, les croyants jeûnent comme jeûnait Mahomet au moment où les premiers versets du Coran lui furent révélés par l'intermédiaire de l'archange Gabriel, et ils célèbrent ainsi le livre sacré que Dieu a fait descendre sur la Terre pour guider l'humanité. Mais le jeûne du ramadān a aussi une autre signification : il s'agit d'une forme particulièrement sévère de pénitence et de mortification qui fut prescrite par Mahomet lui-même. Pour les musulmans, c'est la meilleure expiation des fautes commises pendant l'année.

— La religion musulmane n'est pas la seule qui prescrive le jeûne. Celui-ci existe aussi chez les juifs, chez les chrétiens, et dans bien d'autres religions encore. Avant Mahomet, les Arabes jeûnaient déjà. Et partout le jeûne revêt à peu près la même signification : c'est une épreuve que les hommes s'imposent pour se faire pardonner leurs péchés et pour se rapprocher de Dieu, dans l'oubli des biens de ce monde.

— Mais est-ce que...

Juste comme François s'apprêtait à poser une autre question, il y eut une détonation sourde qui le fit sursauter. Cela ressemblait à un roulement de tonnerre.

– Que se passe-t-il?

– C'est le coup de canon qui signale la tombée de la nuit. Regarde (et son père lui montra au sommet d'une colline voisine un petit nuage blanc qui se détachait sur le gris du ciel) on voit encore la fumée! C'est curieux, voilà une tradition qui a totalement disparu dans les grandes cités. Jadis on tirait le canon pour annoncer la fin du jour aux fidèles dans toutes les villes de Turquie. Mais, aujourd'hui, on se contente généralement d'allumer les bandeaux d'ampoules électriques qui encerclent les galeries des minarets. Lorsque ces lumières s'éclairent, cela signifie que le soir est tombé et les musulmans pratiquants savent qu'ils ont le droit de rompre le jeûne. Là où il n'y a pas d'ampoules, les fidèles attendent tout simplement que le muezzin lance son appel à la prière du soir. Tiens, écoute... »

On entendit en effet une longue mélopée. La mosquée – un petit cube blanc surmonté d'une coupole trapue et flanqué d'un minaret finement cannelé – se trouvait juste en face du restaurant, de l'autre côté d'une placette bordée d'acacias odorants. De l'endroit où il était assis, François pouvait même voir le muezzin à la barbe arrondie qui, du haut du minaret, psalmodiait l'*ezan,* l'appel à la prière, une main placée à la hauteur de l'oreille, comme pour mieux s'écouter. Il était éclairé par trois cercles d'ampoules électriques dont la lumière orangée faisait concurrence au scintillement des premières étoiles.

Dans le restaurant, les soupirs d'impatience avaient soudain cessé. A la table voisine de celle qu'occupaient François et ses parents, il y avait quatre hommes qui, après avoir prononcé quelques paroles, probablement une courte prière, avaient commencé par vider chacun un verre d'eau, buvant à petites gorgées. Puis, il s'étaient mis à musarder à travers les plats disposés devant eux : une olive par-ci, une tranche de courgette frite par-là, un morceau de fromage de brebis, un peu de foie d'agneau, une cuillerée de haricots, une feuille de romaine trempée dans du jus de citron... Aux autres tables, de même, les convives s'étaient empressés de rompre le jeûne.

Un des serveurs était allé chercher dans la cuisine quelques pains plats parsemés de sésame. Ils étaient encore tout chauds et leur odeur emplissait la salle. L'enfant aux yeux noirs les découpait en épaisses lanières dont il construisait des pyramides qu'il allait porter aux clients.

Est-ce que ce petit garçon, qui n'avait même pas dix ans, jeûnait lui aussi? François l'avait vu tout à l'heure engloutir – en cachette lui avait-il semblé – un beignet au miel, alors que le canon n'avait pas encore été tiré.

« Les enfants, est-ce qu'ils doivent, comme les grands, ne pas manger ni boire jusqu'à la tombée du soir? Cela doit être difficile pour eux...

– Non, le Coran ne prescrit le jeûne que pour ceux qui ont dépassé l'âge de la puberté. Les enfants ne sont donc pas obligés de jeûner pendant le mois de ramadān, mais il est recommandé de les y habituer progressivement. (Il en savait des choses, le père de François!)

– Et les vieillards, les malades?

– Eux aussi sont autorisés à s'alimenter, comme du reste les femmes enceintes, les nourrices, les voyageurs et tous ceux qui font des travaux pénibles. Mais, en règle générale, ceux qui n'observent pas le jeûne du ramadān doivent jeûner, en compensa-

tion, à un autre moment de l'année. Pour les musulmans, vois-tu, c'est très important le jeûne. C'est un des cinq « piliers » de l'islām.

La mère de François ne put s'empêcher d'intervenir :

— Les cinq piliers, il faudrait peut-être commencer par lui dire ce que c'est à ce pauvre garçon. Tu parles comme un livre, tu ne te préoccupes pas de savoir si on te suit ou pas. C'est pareil à l'école, tes élèves trouvent toujours tes explications trop compliquées.

— Les cinq piliers de l'islām... Rien de plus facile! Les cinq piliers, ce sont les cinq obligations fondamentales auxquelles sont astreints tous les musulmans. Il y a d'abord la *chahāda*, la récitation d'une formule par laquelle les fidèles proclament leur croyance en Allāh et en son prophète, Mahomet : ''Il n'y a de divinité qu'Allāh, et Mahomet est l'envoyé d'Allāh.'' En arabe, cela sonne beaucoup mieux : *Lā ilāh illā'llah Mohammad rasoul Allāh.* La seconde obligation, c'est la prière. Un bon musulman doit faire chaque jour cinq prières, la première à l'aube et les quatre autres à midi, l'après-midi, au coucher du soleil et à la nuit. Une tradition raconte que l'archange Gabriel descendit du ciel cinq fois en une journée pour faire la prière en présence de Mahomet. Celui-ci n'aurait fait que suivre cet exemple en prescrivant à ses adeptes

cinq prières quotidiennes. Pour prier, un musulman n'a pas besoin de se rendre dans une mosquée… Il peut le faire dans sa maison, ou même en plein air, mais à la condition de s'être purifié au préalable par des ablutions rituelles. Il doit se laver le visage, les mains, les avant-bras et les pieds. En cas d'impureté grave, il doit même se laver tout le corps. La troisième obligation prescrite par le Coran c'est le jeûne du ramadān. De cela nous avons déjà parlé. Vient ensuite l'aumône aux pauvres, la *zakāt*. Il s'agit d'une sorte d'impôt religieux obligatoire prélevé sur les riches pour être réparti entre les besogneux et les indigents. Le cinquième pilier de l'islām, enfin, c'est le pèlerinage à La Mecque. Mais il ne s'agit pas d'une obligation absolue. Les individus trop pauvres ou trop faibles pour envisager un tel voyage en sont exemptés. Le pèlerinage — les musulmans disent le *hadjdj* — constitue probablement le plus grand événement de la vie de ceux qui ont la possibilité de l'accomplir. Jadis le voyage durait plusieurs

mois et était très pénible. Aujourd'hui l'avion facilite beaucoup les choses, mais il faut quand même être animé d'une grande foi pour entreprendre de visiter les Lieux saints. Durant le *hadjdj,* les pèlerins se rendent à plusieurs sanctuaires. Le plus important est la Pierre noire, la *Kaaba,* dans laquelle les musulmans voient une pierre céleste envoyée sur la terre par Allāh. « Tiens, tu vois ce gros cube couvert d'un drap noir autour duquel se presse toute cette foule? » Le père de François désignait du doigt une gravure aux couleurs criardes épinglée sur le mur au-dessus de la caisse : « Eh bien, voilà la *Kaaba.* Tiens, pendant qu'on y est. Est-ce que tu sais pourquoi la religion fondée par Mahomet s'appelle islām? »

Non, François ne le savait pas. Son père se fit donc un plaisir de combler aussitôt cette lacune.

« Le mot *islām,* en arabe, désigne le fait de s'abandonner, de se soumettre à Dieu. Islām signifie à peu près ''soumission''. Les musulmans croient en un Dieu unique, tout-puissant, miséricordieux, créateur de l'homme et de l'univers, et ils se soumettent entièrement à ses commandements... Ils croient aussi à l'existence des anges et des démons. Ils croient aux prophètes, messagers sur cette terre de la parole divine. Ils croient enfin à l'autre monde, avec son enfer et son paradis. Dans ses principes de base, tu le vois, l'islām ressemble beaucoup au judaïsme et au christianisme. Allāh, le Dieu des musulmans, est le même que celui des juifs et des chrétiens. »

Islām, soumission, les cinq piliers... François s'efforçait de bien enregistrer tout ce que son père lui disait, mais depuis quelques instants son attention était attirée par une voiture américaine qui venait de s'arrêter à cinquante mètres de là, devant le porche de la mosquée. C'était une grosse Buick noire des années cinquante, comme on en voyait dans certains films policiers de la télévision. Elle était surmontée de deux gigantesques haut-parleurs qui déversaient des flonflons enroués, interrompus de temps en temps par une voix de stentor qui semblait annoncer quelque chose.

On aurait dit que tous les enfants du bourg étaient là. Ils se tenaient à quelques pas de la Buick, immobiles, silencieux, comme pétrifiés par quelque spectacle merveilleux. Mais lorsque la voiture se mit à cahoter sur les pavés de la rue pour aller répéter l'annonce un peu plus loin, ils s'ébranlèrent avec elle, courant derrière ses flonflons comme jadis d'autres enfants avaient couru derrière le joueur de flûte de cette ville allemande dont François avait oublié le nom.

« Que se passe-t-il?

— J'ai cru comprendre qu'il y aura ce soir une représentation de *Karagueuz*. Le *Karagueuz*, ça ressemble à un spectacle d'ombres chinoises. Il s'agit de figurines de cuir translucide, généralement peintes de couleurs vives, qu'un marionnettiste fait évoluer derrière un écran. Les spectateurs ne voient pas les figurines elles-mêmes, mais comme celles-ci sont éclairées, ils aperçoivent sur l'écran leurs ombres colorées. Le *Karagueuz*, c'est un peu l'ancêtre du cinéma.

— Si on y allait?

Le père de François jeta un coup d'œil à son épouse.

— Hum! dit-il. La journée a été fatigante et il ne faut pas que tu te couches trop tard. Tu finirais par tomber malade.

François savait qu'il ne servait pas à grand-chose d'insister. Il se contenta de tourner vers sa mère un regard suppliant.

— Bon! laissa-t-elle enfin tomber. Ce n'est vraiment pas raisonnable, mais nous sommes en vacances après tout. »

François était vraiment content. Décidément, la journée était à marquer d'une pierre blanche : d'abord la plage, puis le canon du ramadān — c'était la première fois de sa vie qu'il entendait un véritable coup de canon — et maintenant les marionnettes!

Le reste du repas — une salade paysanne au fromage de brebis, des tranches de pastèque et des beignets au miel recouverts de crème épaisse — fut vite avalé. François et ses parents sortirent du restaurant après s'être fait expliquer où se donnait le spectacle de *Karagueuz*. Dehors, des enfants couraient sur les pavés en poussant des cris aigus. Des bandes de jeunes gens s'interpellaient d'un trottoir à l'autre. Des marchands ambulants, leur étalage éclairé d'une lanterne, essayaient d'accrocher les passants à grand renfort de boniments.

La plupart des groupes se dirigeaient vers les deux cinémas en plein air du bourg. D'autres, moins nombreux, poussaient jusqu'à la promenade du bord de mer.

C'était là, à deux pas du débarcadère, que se trouvait la salle où devait avoir lieu la représentation de *Karagueuz*. Il s'agissait d'un grand café que l'on avait vidé pour l'occasion de toutes ses tables, et dont on avait obstrué les fenêtres avec des rideaux de cretonne, sans doute pour empêcher d'éventuels resquilleurs d'assister au spectacle sans payer.

Le père de François acheta trois billets à un homme qui se tenait à un guichet de fortune, devant la porte du café, et la famille entra dans la salle. Celle-ci était déjà aux trois quarts pleine de spectateurs de tous âges qui, en attendant le début de la représentation, grignotaient à qui mieux mieux des graines de courge et de tournesol. Aux murs, comme dans le restaurant de tout à l'heure, étaient accrochés de verdoyants paysages alpestres et quelques gravures religieuses, reconnaissables à leurs inscriptions en caractères arabes. Près de ce qui, en temps normal, devait être la caisse du café, François reconnut aussi le portrait de Kemal Atatürk, le fondateur de la République turque, auquel la population semblait vouer un culte particulièrement fervent, car on pouvait voir son effigie dans tous les lieux publics et jusque dans les taxis. Au fond de la salle était tendu un grand rideau couleur de nuit, au milieu duquel l'écran blanc du *Karagueuz* formait comme une fenêtre lumineuse. Le spectacle allait sans doute commencer bientôt, car il y avait au centre de cet écran une sorte de vitrail, un arbre merveilleux couvert de grosses feuilles vertes et de fruits rouges et jaunes, que les spectateurs fixaient avec admiration.

« Je suis bien content de pouvoir assister à cette représentation, dit à voix basse le père de François. Cela me paraît être un événement assez exceptionnel. Il y a longtemps que les spectacles de *Karagueuz* ne se donnent plus dans les grandes villes. Ils ont été remplacés par le cinéma, la télévision. Mais jadis, c'était une forme de divertissement très populaire. Jusqu'au début de ce siècle, on trouvait des montreurs de marionnettes partout...

— Même pendant le ramadān?

— Surtout pendant le ramadān... Il ne faut pas croire que les musulmans, durant ce mois, se vouent entièrement au jeûne et à la pénitence. Bien au contraire, autrefois, c'était une des périodes les plus gaies du calendrier islamique. Après la rupture du jeûne, les gens festoyaient, rendaient des visites, couraient les cafés et les salles de spectacle. Dans les familles riches, on dormait le jour et l'on passait toute la nuit à s'amuser, jusqu'au dernier repas que l'on prenait juste avant le lever du soleil. Aujourd'hui les choses ont changé. Ceux qui respectent l'obligation du jeûne sont de moins en moins nombreux, en particulier en Turquie. Mais tu vois, dans cette petite ville, les traditions se sont plus ou moins maintenues. Beaucoup de personnes attendent le soir pour manger, puis ils sortent dans la rue, ils se divertissent, il y a même le *Karagueuz*...

— Alors, le ramadān, c'est comme une fête qui durerait tout un mois ?

— Si tu veux... Cependant, au cours de ce mois, il y a des jours plus importants que d'autres. C'est ainsi, en particulier, que dans la nuit du 26e au 27e jour, les musulmans célèbrent la ''nuit de la destinée'', celle où l'archange Gabriel est apparu pour la première fois à Mahomet. Cette nuit-là, les gens pieux se rendent dans les mosquées où sont exposées les reliques du Prophète, de préférence quelques poils de sa

78

barbe enfermés dans une petite fiole. Ces reliques attirent toujours beaucoup de monde et, parfois, les fidèles se bousculent pour pouvoir les approcher et embrasser le coffret qui les contient... Le dernier jour du ramadān est un autre grand moment d'effervescence. Là aussi les mosquées ne désemplissent pas... Enfin, vient la ''fête des sucreries'', dite aussi, dans d'autres pays musulmans, ''fête de la rupture'', qui dure trois jours et qui se déroule, en réalité, au début du mois musulman de *chawwāl*. Celle-ci célèbre la fin du jeûne et donne aux membres d'une même famille, aux amis, aux connaissances, l'occasion de se retrouver, d'échanger de petits cadeaux – des boîtes de bonbons ou un objet vestimentaire quelconque et de s'adresser les uns aux autres des vœux de bonheur et de prospérité. C'est la plus grande fête des musulmans. Pour l'occasion, les gens riches s'habillent de neuf et couvrent les êtres qui leur sont chers de bijoux ou d'autres présents de valeur. Ce sont surtout les enfants qui sont gâtés : les bonbons, les friandises, ce sont eux qui les mangent. Et puis, dans beaucoup d'endroits, il y a des forains qui installent des manèges, des balançoires, des stands de tir... C'est la foire, quoi, comme en France. On y trouve des marchands ambulants, des montreurs d'ours, des diseuses de bonne aventure, des vendeurs de chapelets et de livres de prière...

– Chut! souffla la mère de François, le spectacle va commencer! »

L'arbre aux fruits rouges et jaunes qui, peu auparavant, occupait le centre de l'écran avait disparu dans un tintamarre de coups de sifflets et de bruits divers. A présent, il y avait à sa place un personnage à la barbe en pointe, vêtu d'une chemise richement brodée et d'une culotte bouffante, qui chantait une chanson, à la grande joie de l'auditoire. Une fois sa ritournelle terminée, la marionnette se lança dans un grand monologue, tandis que l'on voyait de temps à autre apparaître, sur la droite de l'écran, la tête barbue d'un autre personnage, visiblement décidé à jouer un vilain tour au premier occupant des lieux.

« Karagueuz! Karagueuz! », criaient les enfants regroupés dans les premiers rangs.

François entendit son père lui chuchoter à l'oreille :

« Karagueuz, c'est celui dont on ne voit que la tête. Son nom signifie en turc ''œil noir''. Et son compère, celui qui parle en ce moment, s'appelle Hadjivat.

– Chut! Chut! »

Enfin, Karagueuz se montra tout entier, salué par les applaudissements frénétiques des enfants. C'était un personnage curieux, qui se singularisait surtout par l'énormité de son bras droit, alors que celui de gauche semblait au contraire comme atrophié. Il avait une grosse tête ronde, une barbe ronde, des yeux noirs tout ronds. Il était plus pauvrement vêtu que son compère Hadjivat, mais il portait sur la tête un bonnet orné d'une plume multicolore et d'une belle rosace dorée. Ce bonnet, au reste, ne cessait de tomber, découvrant un crâne totalement chauve.

Les deux compères commencèrent par échanger des flots de paroles, puis ils se mirent à s'administrer mutuellement de copieuses volées de coups de bâton. Dans la salle on riait, on riait! François ne comprenait pas un seul mot de ce que Karagueuz et Hadjivat se disaient, mais il riait lui aussi, à en avoir le souffle coupé, tellement les deux personnages étaient drôles, l'un avec sa voix toute pointue, l'autre avec ses cris effroyables.

Bientôt, d'autres marionnettes apparurent aussi sur scène : des femmes lippues et outrageusement maquillées ; des musiciens ; des danseurs ; des monstres difformes chevauchant des dragons ; une sorcière au nez crochu ricanant méchamment, le visage caché dans les plis de son manteau noir ; un cavalier monté sur un bel alezan à la queue en panache ; une cigogne qui agitait son long cou dans tous les sens ; des serviteurs chargés de victuailles et de paquets divers ; des hommes et des femmes de tous les pays, reconnaissables à leurs déguisements ; des diablotins, des marchands ambulants, des fous… C'était une farandole effrénée de personnages qui entraient, sortaient, se donnaient des coups de bâton, tombaient dans les bras l'un de l'autre et qui, à peine réconciliés, ne songeaient qu'à se battre à nouveau. Parfois, cependant, la marionnette ménageait dans son spectacle une parenthèse poétique… Une promenade en barque, au clair de lune, tandis que sur un tourne-disque grésillait un air de mandoline… Un ballet de gazelles, dans une forêt merveilleuse… L'apparition d'une fée, montée sur un char incrusté de pierreries…

La représentation battait son plein et les spectateurs n'en pouvaient plus de rire. Karagueuz ! Karagueuz ! Quel fripon que ce Karagueuz ! Il faisait tourner son compère Hadjivat en bourrique. Et il en avait de ces tours dans son sac ! On l'avait vu arriver déguisé en vieille femme, trahi par son énorme bras droit et sa calvitie. Ensuite, il s'était transformé en amphore. Plus tard, il avait revêtu l'aspect d'une chèvre, d'une tortue, d'une jeune mariée dont les voiles cachaient mal sa grosse barbe noire. Ah, Karagueuz, Karagueuz !

Le spectacle prit fin comme il avait commencé : dans un concert de coups de sifflets et d'applaudissements, tandis que Karagueuz et Hadjivat entonnaient à tour de rôle les couplets d'une chanson.

François avait encore la tête toute pleine du spectacle qu'il venait de voir.

« Ah, ce Karagueuz ! s'exclama-t-il soudain, qu'il était drôle ! Je n'ai rien compris à ce qui se passait, mais tout ce que j'ai pu rire !

— Et comme c'était beau ! ajouta sa mère. On aurait dit un vitrail animé. Elles étaient si finement découpées, ces marionnettes !

— J'aurais aimé y retourner. Est-ce que ça se donne encore demain, ce spectacle ?

— Jadis, il y avait des représentations de

Karagueuz pendant tout le mois de ramadān. Le marionnettiste était obligé de connaître par cœur au moins une trentaine de pièces, de manière à pouvoir changer de spectacle tous les soirs.

— J'aurais bien aimé vivre à cette époque! Mais est-ce qu'il y en a beaucoup, des fêtes comme ça, en Turquie?

— Oh, des fêtes, il n'en manque pas! Mais aucune n'est aussi gaie que le ramadān. Par exemple, il existe une fête qui me plaît particulièrement, parce que l'on prépare à cette occasion, en Turquie, un dessert spécial que j'aime beaucoup. Cette fête s'appelle *achura,* ce qui signifie en arabe ''le dixième''. Elle porte ce nom parce qu'elle a lieu le 10 du mois de *muharram.* C'est ce jour-là que Dieu aurait créé Adam et Eve, ainsi que le Paradis et l'Enfer, et qu'il aurait imaginé la vie et la mort… Le 10 *muharram* est un jour de jeûne. Mais le soir, les croyants fidèles aux traditions mangent une sorte de délicieuse gelée composée de toutes sortes de graines et de fruits secs. Il paraît qu'il faut, pour la préparer, au moins quarante espèces d'ingrédients que l'on fait cuire à feu doux pendant des heures et des heures… Cela dit, l'*achura* n'est pas une fête très importante, du moins en Turquie. La plus grande fête musulmane, après celle des ''sucreries'' qui clôt le ramadān, est la ''fête du sacrifice''. On l'appelle aussi ''grande fête'' par opposition à celle du ramadān que l'on nomme parfois le *kutchuk bayram,* la ''petite fête''. Eh bien, cette ''grande fête'' est en réalité nettement moins

81

joyeuse que l'autre. Pourtant, elle se déroule à peu près de la même façon... Les forains installent sur les ''places de fête'' des manèges et des baraques de toutes sortes, les enfants et les jeunes gens s'en donnent à cœur joie, on échange des visites entre amis ou voisins, les petits vont embrasser la main de leurs parents... Mais la fête des sucreries, elle, vient après tout un mois de jeûne. Ça change beaucoup les choses.

— Et cette fête du sacrifice, c'est quoi au juste? demanda la mère de François.

— Il s'agit d'une coutume répondant à une des prescriptions du Coran. Celui-ci ordonne de sacrifier des animaux, selon les rites sacrés, pour ''remercier le Seigneur

qui a multiplié les bêtes utiles aux humains''. En Turquie, on sacrifie généralement des béliers. Quelque temps avant la fête, ils arrivent par troupeaux entiers dans les villes et on les voit trotter entre les voitures, conduits par le marchand, de rue en rue, jusqu'à ce qu'il n'en reste plus un seul à vendre. Pour un musulman, l'achat d'une bête de sacrifice, c'est une grande affaire. Il faut que l'animal soit beau et bien portant, qu'il soit suffisamment gras et, surtout qu'il plaise à l'acquéreur. Une fois acheté, le bélier est lavé, brossé, on orne sa toison de larges taches de henné, on lui accroche des rubans, on le soigne, on le bichonne, il est comme une mariée...

— Et ensuite on le tue?

— Oui... Et sa chair est généralement distribuée aux pauvres, le propriétaire de l'animal ne gardant pour lui et sa famille que les bas morceaux.

— La pauvre bête! s'exclama François.

— Mais, vois-tu, de telles offrandes rituelles existent dans de nombreuses religions. D'ailleurs, d'après la tradition islamique, la fête du sacrifice ne ferait que célébrer l'holocauste offert à Dieu par Abraham.

— Je me demande si tu te souviens de cette histoire, intervint la mère de François. La Bible raconte que Sarah, la femme d'Abraham, n'avait pas de fils. Ils étaient l'un et l'autre très vieux et ils pensaient qu'ils ne pouvaient plus avoir d'enfant. Or, voici qu'un jour trois hommes se présentèrent devant leur tente, auxquels Abraham s'empressa d'offrir des galettes, du lait, de la crème et le veau le plus tendre de son troupeau. Alors, un des hommes lui promit que l'année prochaine Sarah aurait un fils. Lorsque Sarah, qui se tenait à l'entrée de la tente, entendit ces paroles, elle se mit à rire en disant : ''Comment une vieille femme comme moi pourrait-elle avoir un enfant?'' Mais le Seigneur qui parlait par la bouche du visiteur tint promesse, et l'année d'après Sarah donna naissance à un fils qui reçut le nom d'Isaac. D'après le livre de la Genèse, quelques années plus tard, Dieu aurait voulu éprouver l'obéissance d'Abraham et lui aurait demandé de lui offrir en holocauste ce fils bien-aimé que sa femme Sarah lui avait donné dans ses vieux jours...

— Je me rappelle la suite, dit François. Le vieux Abraham n'a rien dit, il a coupé du bois pour le feu du sacrifice et, prenant Isaac avec lui, il s'est mis en route. Au bout de trois jours, ils sont arrivés au sommet d'une montagne et Abraham s'est mis à préparer le bûcher. Une fois ce travail terminé, il a attaché son fils par-dessus le bois. Mais tandis qu'il avait déjà le couteau dans la main, prêt à frapper, un ange lui est apparu qui lui a dit de ne faire aucun mal à Isaac, que Dieu n'avait cherché qu'à l'éprouver. Alors Abraham a levé les yeux et il a vu un bélier qui s'était pris par les cornes dans un buisson...

— Et c'est cet animal qu'il a offert en sacrifice, à la place de son fils, termina le père de François. C'est bien, je note avec plaisir que tu n'as pas tout oublié. Eh bien, les musulmans racontent à peu près la même histoire. Cependant, d'après la tradition islamique, ce n'était pas Isaac qu'Abraham voulait sacrifier mais Ismaël, le fils qu'il avait eu d'Agar, présentée dans la Bible comme la servante de Sarah. Et l'holocauste aurait eu lieu sur le mont Mina, tout près de La Mecque... A ce propos, est-ce que tu sais qu'Abraham est considéré par les musulmans comme un des grands prophètes de l'Islam? »

(Abraham? Que vient faire Abraham dans l'islām? se demanda François. Je croyais, moi, que c'était un prophète des Hébreux!)

L'étonnement de François se lisait sur son visage. Aussi son père s'empressa-t-il de donner les explications nécessaires.

« Oui, Abraham... Mais aussi Noé, Moïse et beaucoup d'autres. En particulier, Jésus, fils de Marie. C'est que Mahomet, vois-tu, n'a jamais prétendu créer une nouvelle religion. De même que l'enseignement de Jésus prolonge et complète le message de l'Ancien Testament, de même le Coran parachève aux yeux des musulmans l'enseignement des autres livres saints. Mahomet, en somme, n'est qu'un ''Envoyé de Dieu'' parmi d'autres. Mais il est le premier de tous, car son message, tel qu'il figure dans le Coran, vient parfaire les révélations faites par les prophètes qui l'ont précédé. C'est là, bien entendu, le point de vue des musulmans... Lorsqu'on lit le Coran, on se rend facilement compte des liens qui existent ainsi entre l'islām, le judaïsme et le christianisme. Par exemple, Mahomet y parle d'Abraham et le présente même comme celui qui a reconstruit, avec l'aide de son fils Ismaël, le temple sacré de la Kaaba détruit par le déluge. On y trouve aussi de nombreux passages concernant Jésus, sa naissance, ses miracles... On y lit en particulier cette jolie histoire de Jésus façonnant des oiseaux avec de l'argile et soufflant ensuite sur eux pour les faire envoler... »

Tout à coup, François et ses parents se retrouvèrent devant la porte de leur hôtel. Ils avaient parcouru la promenade des quais dans toute sa longueur sans s'en rendre compte, pris par leur conversation. Avant d'entrer dans l'hôtel, ils s'arrêtèrent un instant au bord de l'eau pour humer une dernière fois le vent de la mer, avant d'aller se coucher. Il y avait là, face au large, un banc dont le dossier portait en grandes lettres blanches le nom d'une banque et qui semblait avoir été mis là spécialement pour eux.

« Si on s'asseyait? », proposa timidement François.

Là où ils se trouvaient personne ne passait. Mais, au loin, François entendait la rumeur de la grande rue, probablement encore pleine de monde. Les coups de sifflets, les cris d'enfants et les bruits divers qui parvenaient jusqu'à lui, portés par la brise, le faisaient penser aux fêtes de chez lui. Aux magasins débordants de nourriture. Aux boîtes de jouets entassées dans les vitrines. Aux sapins givrés ornant la devanture des restaurants et des boutiques. Aux guirlandes électriques qui transformaient les Champs-Élysées en forêt de conte de fées.

« Et Noël, dit-il soudain, est-ce que ça existe chez les musulmans? »

Le père de François s'attendait sans doute à cette question. Il avait sa réponse toute prête.

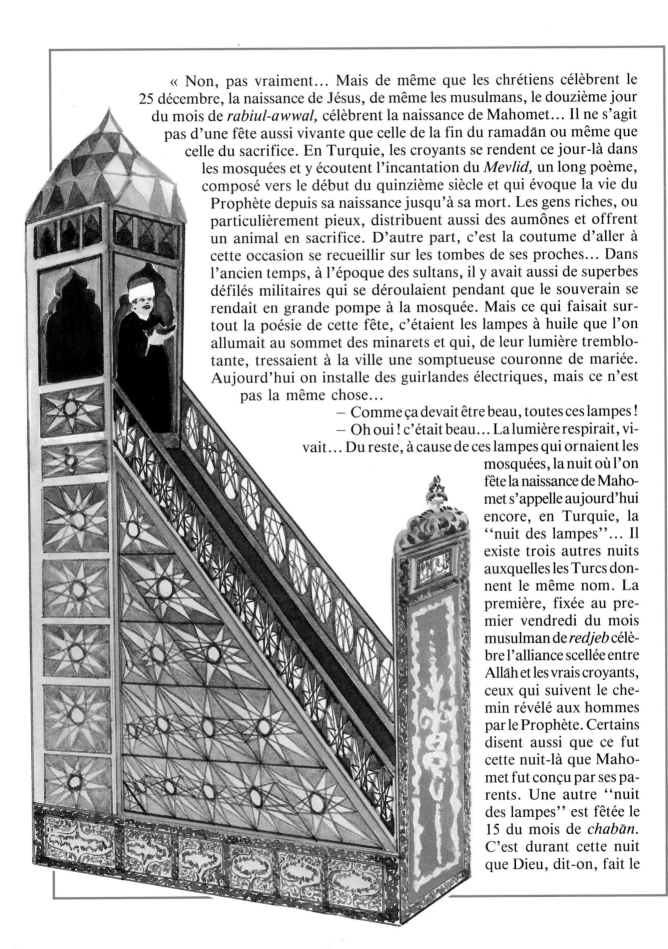

« Non, pas vraiment... Mais de même que les chrétiens célèbrent le 25 décembre, la naissance de Jésus, de même les musulmans, le douzième jour du mois de *rabiul-awwal,* célèbrent la naissance de Mahomet... Il ne s'agit pas d'une fête aussi vivante que celle de la fin du ramadān ou même que celle du sacrifice. En Turquie, les croyants se rendent ce jour-là dans les mosquées et y écoutent l'incantation du *Mevlid,* un long poème, composé vers le début du quinzième siècle et qui évoque la vie du Prophète depuis sa naissance jusqu'à sa mort. Les gens riches, ou particulièrement pieux, distribuent aussi des aumônes et offrent un animal en sacrifice. D'autre part, c'est la coutume d'aller à cette occasion se recueillir sur les tombes de ses proches... Dans l'ancien temps, à l'époque des sultans, il y avait aussi de superbes défilés militaires qui se déroulaient pendant que le souverain se rendait en grande pompe à la mosquée. Mais ce qui faisait surtout la poésie de cette fête, c'étaient les lampes à huile que l'on allumait au sommet des minarets et qui, de leur lumière tremblotante, tressaient à la ville une somptueuse couronne de mariée. Aujourd'hui on installe des guirlandes électriques, mais ce n'est pas la même chose...

— Comme ça devait être beau, toutes ces lampes !

— Oh oui ! c'était beau... La lumière respirait, vivait... Du reste, à cause de ces lampes qui ornaient les mosquées, la nuit où l'on fête la naissance de Mahomet s'appelle aujourd'hui encore, en Turquie, la ''nuit des lampes''... Il existe trois autres nuits auxquelles les Turcs donnent le même nom. La première, fixée au premier vendredi du mois musulman de *redjeb* célèbre l'alliance scellée entre Allāh et les vrais croyants, ceux qui suivent le chemin révélé aux hommes par le Prophète. Certains disent aussi que ce fut cette nuit-là que Mahomet fut conçu par ses parents. Une autre ''nuit des lampes'' est fêtée le 15 du mois de *chabān.* C'est durant cette nuit que Dieu, dit-on, fait le

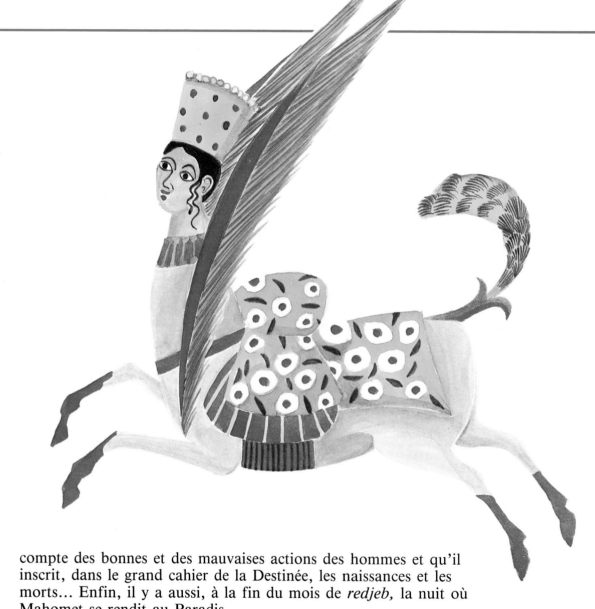

compte des bonnes et des mauvaises actions des hommes et qu'il inscrit, dans le grand cahier de la Destinée, les naissances et les morts... Enfin, il y a aussi, à la fin du mois de *redjeb,* la nuit où Mahomet se rendit au Paradis...

— Au Paradis? (François commençait à se sentir fatigué, et il n'écoutait plus son père très attentivement. Mais ce mot de ''Paradis'' avait soudain éveillé son attention.)

— Oui... C'est une histoire à laquelle le Coran fait allusion, mais que la tradition islamique a beaucoup enjolivée. Mahomet, raconte-t-on, était en train de dormir quand lui apparut l'archange Gabriel. Ce n'était pas la première fois que celui-ci se présentait à lui. Cependant, cette nuit-là, il y avait à ses côtés une bête étrange, une sorte de cheval ailé tout blanc, mais plus petit qu'un cheval ordinaire, et dont la tête se terminait par un visage humain. Il s'appelait Burāq. Lorsque le Prophète grimpa sur le dos de l'animal, celui-ci s'éleva dans les airs, guidé par Gabriel... Il existe plusieurs versions au sujet de cette ascension. Certains disent qu'elle eut lieu à La Mecque; d'autres soutiennent que Mahomet avait été au préalable transporté à Jérusalem et que ce fut du rocher sur lequel se trouve aujourd'hui la Grande Mosquée de cette ville que Burāq prit son envol... Mais peu importe.

— Et que s'est-il passé, au Paradis?

— Avec l'archange Gabriel pour guide, Mahomet arriva d'abord au premier Ciel. Ici il rencontra Adam et le salua. Ensuite, toujours sur le dos de Burāq, il monta au deuxième Ciel, où il fut mis en présence de saint Jean et de Jésus. Après qu'il les eut salués, il monta encore et Gabriel l'introduisit dans le troisième Ciel où se trouvait Joseph, le fils de Jacob. Son ascension se poursuivit ainsi de Ciel en Ciel, et, à chaque fois, il rencontrait un autre prophète avec lequel il échangeait quelques paroles. Finalement il arriva au septième Ciel. Ici se trouvait Abraham qui lui ouvrit toutes grandes les portes du Paradis. C'était un jardin merveilleux, où Mahomet vit en particulier un arbre, aux feuilles grandes comme des oreilles d'éléphant et aux fruits de la taille d'une amphore, à l'ombre duquel se trouvait le trône de Dieu. Il put voir aussi les Quatre rivières débordantes d'eau pure, de vin, de miel et de lait qui arrosaient le Paradis, et dont l'une n'était autre que la source du Nil, tandis qu'une autre donnait naissance à l'Euphrate. Avant que le Prophète ne s'en retournât sur terre, le Seigneur lui fit savoir que les croyants devaient désormais réciter cinquante prières par jour...

— Ce n'était pas une nouvelle très agréable à annoncer aux hommes!

— Non, pas du tout... et l'on raconte que Mahomet s'en allait, la tête basse, toujours monté sur Burāq, lorsqu'au sixième Ciel Moïse l'arrêta pour l'interroger sur ce que lui avait dit le Seigneur. Mahomet lui parla de l'affaire des cinquante prières. Aussitôt Moïse se récria : "Je connais les hommes, s'exclama-t-il, ton peuple ne voudra jamais réciter cinquante prières par jour. Retourne chez Dieu et demande-lui de décharger les croyants de cette obligation." Donc, Mahomet retourna chez Dieu, et celui-ci accepta d'abaisser le nombre des prières à quarante. Mais lorsque le Prophète dans sa descente vers la Terre passa devant Moïse, celui-ci se récria à nouveau, répétant les mêmes paroles et il fallut que Burāq reprenne le chemin du septième Ciel. Ici, une fois de plus, Dieu céda aux supplications de Mahomet, fixant à trente le nombre des prières à réciter chaque jour. Mais Moïse n'était toujours pas satisfait. Aussi, le Prophète dut-il retourner chez Dieu encore une fois, puis une autre... Bref, de fil en aiguille, le nombre des prières se trouva finalement réduit à cinq. Cependant, lorsque Mahomet se présenta au sixième Ciel, Moïse lui répéta : "Je connais les hommes, ton peuple ne voudra jamais prier cinq fois par jour. Retourne chez Dieu..." Mais cette fois, le Prophète lui répondit : "J'ai tant demandé à Dieu que j'en suis honteux. Je ne puis retourner chez Lui..." Et c'est ainsi qu'aurait été établie la règle selon laquelle les musulmans doivent à Dieu cinq prières quotidiennes...

— Une bien curieuse légende, murmura la mère de François. Je me demande... Mais non, si nous continuons à bavarder comme ça, le matin viendra sans que nous nous en rendions compte... Il est grandement temps d'aller se coucher. Je viens d'entendre minuit sonner.

— Attends, il y a encore une chose que je voudrais savoir. Oui, il y a quelque chose que je n'ai pas très bien compris... Lorsque tu parles de toutes ces fêtes, pourquoi est-ce que tu utilises toujours les noms arabes des mois? Le mois de *redjeb*, par exemple, où Mahomet est monté au ciel, ça correspond à quel mois au juste?

— Ah ça! c'est une histoire un peu compliquée... Les musulmans, vois-tu, utilisent le calendrier lunaire. C'était le calendrier qui était en usage en Arabie lorsque Mahomet a commencé à prêcher l'islām. Dans une année lunaire, il y a douze mois

qui commencent chacun à l'apparition de la nouvelle lune. Ce sont des mois de vingt-neuf ou trente jours, selon les lunaisons, de telle sorte que l'année musulmane ne compte au total que trois cent cinquante-quatre jours et neuf heures. Par rapport au calendrier solaire que nous utilisons, et qui a pour base le temps que prend la Terre à faire un tour complet autour du Soleil, soit trois cent soixante-cinq jours et environ six heures, cela fait une différence d'à peu près onze jours... Alors, réfléchis un peu... Cela signifie que le calendrier musulman se trouve constamment décalé par rapport à notre calendrier à nous.

— Est-ce que cela veut dire que l'année musulmane commence tous les ans onze jours plus tôt que l'année précédente?

— Exactement. Je vois que tu as compris...

— Mais alors, supposons que l'année musulmane commence le 1er janvier... Au bout de quelques années solaires, elle commencera donc à l'automne?

— Oui... Et puis au milieu de l'été, et cinq ou six ans plus tard au début du printemps. Ce n'est qu'au bout de trente-trois ans qu'elle commencera de nouveau à la date prise pour point de départ. Et c'est pour cela, vois-tu, que les fêtes religieuses parcourent peu à peu toutes les saisons. Cette année, par exemple, le ramadān a lieu en plein été. Ce n'est pas une bonne chose pour ceux qui jeûnent, parce qu'il fait chaud et que les jours sont très longs... Passe encore de ne pas manger, mais ne pas pouvoir boire, dans ces conditions, ça doit être très pénible. Dans une dizaine d'années cependant, le ramadān aura lieu en hiver, à un moment où les jours sont très courts et les nuits très longues... Mais ce qui est curieux, c'est qu'il existe aussi, dans beaucoup de pays musulmans, des fêtes religieuses qui ne suivent pas le calendrier lunaire et qui reviennent chaque année à la même époque. En Iran, par exemple, les musulmans fêtent le *nawruz,* la nouvelle année, le premier jour qui suit l'équinoxe de printemps. C'est une très grande fête là-bas. Il est vrai que la plupart des Iraniens forment une secte particulière. Ce sont des chī'ites...

— Comment dis-tu?

— Des chī'ites... Tu sais, comme dans presque toutes les religions, il y a beaucoup de branches dans l'islām, il est assez difficile de se reconnaître dans toutes ces divisions. *Chi'ah,* en arabe, veut dire ''partisans''. Aujourd'hui, les chī'ites se distinguent des autres branches de l'islām par toute une série de croyances et de traits particuliers. Mais à l'origine, ils étaient simplement les ''partisans'' d'Ali, le cousin et le gendre de Mahomet. Ils estimaient que c'est à Ali qu'aurait dû revenir, à la mort de Mahomet, la direction de la communauté islamique. Ali, vois-tu, avait été écarté au profit d'Abū Bakr, un des plus fidèles compagnons du Prophète... Mais revenons à nos fêtes. Des réjouissances liées au cycle des saisons, il en existe en Turquie aussi. Dans certaines régions du pays, on célèbre par exemple le ''milieu de l'hiver'', généralement quelques jours après le solstice. Les Turcs ont aussi une fête de printemps, très joyeuse, qui se déroule le 6 mai. Ce jour-là, les femmes et les enfants vont dans les prés, tressent des couronnes de fleurs, se piquent des roses dans les cheveux et se roulent dans l'herbe... C'est la coutume aussi, surtout pour les jeunes filles, d'installer des balançoires et de se balancer, de monter le plus haut possible dans le ciel, jusqu'à en avoir le vertige. Cette fête s'appelle Hidirellez et tire son nom de deux personnages légendaires, Hidir et Ellez — d'autres disent Elias — qui étaient selon la tradition populaire, frère et sœur. D'après une autre version, Ellez était la fiancée de Hidir...

— Et que leur est-il arrivé?

— Oh! C'est une histoire très simple. Les deux jeunes gens s'aimaient tendrement, mais un esprit maléfique les avait séparés. Aussi, se cherchaient-ils l'un l'autre à travers le monde. Finalement, après mille aventures, ils se sont retrouvés. Cependant, dit une légende, le bonheur qu'ils éprouvèrent à être de nouveau ensemble fut si fort qu'ils moururent à l'instant même dans les bras l'un de l'autre... Mais de Hidir il est aussi question dans le Coran. Il y apparaît comme le guide de Moïse dans un voyage que celui-ci avait entrepris pour trouver la "confluence de deux mers", c'est-à-dire, probablement l'endroit où la Méditerranée était supposée rejoindre la mer Rouge. Au cours de ce périple, Hidir accomplit toute une série d'actions à première vue mauvaises. C'est ainsi, en particulier, qu'il brisa une barque appartenant à de pauvres mariniers. Au terme de son voyage, Moïse apprendra cependant que chacune des actions de son compagnon avait une signification cachée. "J'ai mis la barque en pièces, lui expliquera Hidir, parce qu'il y avait à sa poursuite un roi qui enlevait tous les bateaux de force et réduisait leurs occupants en esclavage"... C'est un bien étrange personnage que ce Hidir... Il avait, dit-on, trouvé la source d'immortalité et y avait bu. Il paraît qu'il lui suffisait de toucher le bois mort pour le faire verdir et qu'il apportait la prospérité à tous les hommes auxquels il rendait visite. Certains disent qu'il vit encore, puisqu'il a goûté de l'eau d'immortalité, et espèrent de lui abondance et richesse... C'est pour cela peut-être que la fête de Hidirellez est, aujourd'hui encore, si populaire!

— Cette fête, est-ce qu'elle a lieu tous les ans à la même époque?

— Mais oui, je te l'ai déjà dit... Le 6 mai.

— Cela signifie donc que les musulmans utilisent aussi le calendrier solaire...

— Bien sûr. Surtout pour tout ce qui touche à la vie agricole où il est important de tenir compte du cycle des saisons. Dans certains pays, et c'est le cas de la Turquie, le calendrier lunaire ne sert du reste qu'aux activités religieuses. Le calendrier officiel, utilisé dans la vie de chaque jour, est le même que le nôtre...

— Est-ce que...

— Attends, c'est à mon tour de poser une question, s'exclama soudain la maman de François qui manifestait depuis quelques instants son impatience en tapotant l'épaule de son mari. Je voudrais savoir à quelle heure les petits garçons se couchent normalement en Turquie. »

Ils n'eurent qu'à traverser la rue pour se retrouver devant leur hôtel. Ils s'engouffrèrent dans le hall où, dans une demi-obscurité, deux jeunes gens s'affairaient autour d'une table.

« Ils préparent sans doute leur repas du matin, commenta le père de François. Dans quelques heures, le soleil va se lever et, s'ils observent le ramadān, ils ne pourront plus manger ni boire. »

A peine la porte fut-elle ouverte que François alla se jeter, tout habillé, sur son lit.

Avant d'éteindre la lumière, son père se pencha sur lui, comme à l'accoutumée, pour l'embrasser.

« Papa, lui chuchota-t-il à l'oreille, est-ce qu'on ne pourrait pas mettre le réveil? J'aimerais voir le lever du soleil...

— Une autre fois... Un jour où tu te seras couché moins tard. Allons, il faut dormir maintenant...

— Dis, papa, Mahomet, est-ce qu'il a vraiment existé?

— Bien sûr qu'il a existé! On connaît même assez bien l'histoire de sa vie.

— Est-ce que tu pourrais me la raconter?

— D'après la tradition, il serait né vers l'an 570. Il appartenait à une grande famille de La Mecque. Mais on dit que son enfance ne fut pas très heureuse. Il n'aurait même pas connu son père, et il aurait perdu sa mère alors qu'il n'avait que six ans. Mais je te raconterai la suite une autre fois... Allons, ferme les yeux et dors!

— Est-ce qu'il a été persécuté comme Jésus?

— Tu sais, ce n'est jamais facile, pour un homme, d'être la voix de Dieu sur cette terre... Abraham, Joseph, Moïse, Jésus, tous ceux qui se sont faits les interprètes de la parole divine auprès des hommes ont eu des problèmes... Mahomet s'est heurté à une très vive opposition de la part des habitants de La Mecque et, pour échapper à l'hostilité de ses concitoyens, il a même dû émigrer avec ses partisans à Médine, une autre ville de l'Arabie. Cette émigration, c'est ce qu'on appelle l'*hégire* et elle forme le point de départ de l'ère musulmane. C'est à partir de l'*hégire* – qui eut lieu en 622 – que les musulmans comptent les années et les siècles... Mais c'est fini, je ne te dis plus rien, la suite à demain...

— Et après l'hégire, que s'est-il passé?

— Après l'hégire, il y a eu des batailles, des guerres. Le nombre des partisans de Mahomet n'a cessé d'augmenter. Au fil des siècles, l'islām est progressivement devenu une des religions du monde qui compte le plus d'adeptes. Mais cette fois, c'est fini pour de bon. »

LES FÊTES
BOUDDHISTES

LA CÉRÉMONIE DU MÉNAGE DU GRAND BOUDDHA

La Cérémonie du ménage du Grand Bouddha : une fois par an, le 7 août, les moines nettoient solennellement, et avec soin, la statue géante du temple de l'est à Nara.

« Avec ces chaussures, ma journée est fichue », se dit Kôzo.

Bien que l'heure soit encore très matinale, l'air est déjà chaud, lourd d'humidité. On est le 7 août, et Kôzo s'est réveillé tôt, tout excité à l'idée d'aller voir la Cérémonie du ménage du Grand Bouddha au *Grand Temple* de l'est, à Nara.

93

Kôzo a toujours vécu à Tôkyô où il est né, mais son père est originaire de Nara, une des anciennes capitales du Japon, construite au VIIIᵉ siècle. Et Kôzo y vient toujours en vacances.

Autrefois, deux grands temples marquaient les limites de la ville. Celui de l'ouest se trouve maintenant en banlieue et il a beaucoup perdu de sa splendeur. Mais le temple de l'est est, aujourd'hui encore, très connu : les touristes s'y rendent par milliers. On y accède par d'immenses portiques en bois : sur les côtés, des personnages terrifiants grimacent pour chasser les esprits malfaisants. Puis on passe devant une haute tour à cinq étages et à cinq toits; c'est une pagode qui abrite des reliques. On arrive enfin devant un immense bâtiment en bois, au toit de tuiles grises. Cette gigantesque construction, de cinquante mètres de hauteur, c'est le temple proprement dit. Un grand Bouddha, qu'on appelle Birushana, est assis au milieu : c'est un géant de bronze, aux cheveux bouclés, assis sur une fleur de lotus.

Il y a deux jours, Kôzo est déjà venu le voir avec sa grand-mère qui habite Nara. Ils se sont purifiés les mains dans la fumée d'encens qui s'envolait au-dessus d'un grand brûle-parfum. Puis, en entrant dans le temple, ils ont jeté de petites pièces de monnaie dans une grande caisse en bois grillagée : c'était une offrande aux moines et aux bouddhas, afin qu'ils veillent sur leur salut.

Ce matin-là, sa grand-mère a dit à Kôzo : « Tu vois ce grand Bouddha assis sur un lotus. C'est Birushana. En Inde, on l'appelait Vairocana. C'est l'être suprême. Il est universel et présent dans tous les lieux à la fois. Il trône sur le monde qui est semblable à une fleur de lotus à mille pétales. Et chacun de ces pétales représente mille univers qui comportent chacun une myriade de mondes. Mille manifestations de ce Bouddha règnent dans les mille univers et chaque monde est associé à un Bouddha qui est lui-même une émanation d'une des mille manifestations du Bouddha universel. Regarde donc comme il est grand! »

Kôzo a regardé vers le haut. Le visage du Bouddha se perdait dans l'obscurité, au loin, sous les combles du toit. Lui-même était plus petit que chacun des pétales du siège de bronze. La statue n'était pas vraiment belle, mais elle l'écrasait de sa masse. Kôzo se sentait impressionné plus qu'il ne voulait l'avouer. Il dit simplement : « Il est sale ton dieu! » Sa grand-mère rit; elle répondit : « D'abord, ce n'est pas un dieu, c'est un Bouddha. Pour ce qui est d'être sale, tu as raison, il est vraiment crasseux. Nous sommes au début du mois d'août, et on ne fait sa toilette qu'une seule fois par an : le 7 août. Tu vois, il y a presque un an qu'on ne l'a pas épousseté! Mais, reviens la semaine prochaine avec moi, nous assisterons à la toilette du Grand Bouddha. Et crois-moi, ce n'est pas quelque chose d'ordinaire! »

Et elle ajouta : « Je t'expliquerai alors quelle différence il y a entre un dieu et un bouddha. »

Depuis, Kôzo s'est montré agité comme un moustique par un soir d'orage. Et, signe de son impatience extrême, il a supplié sa grand-mère de lui acheter des chaussures neuves. Elle aurait voulu qu'il mette ses sandales, mais il a refusé :

« Le Bouddha va être tout propre! Moi aussi je veux être élégant. »

Et la grand-mère a cédé. Il a donc des chaussures de cuir brillantes comme un sou neuf, mais il a trop marché depuis l'aube, et deux ampoules apparaissent déjà à ses talons. « Vie d'animal! », jure-t-il entre ses dents. Puis il part bravement.

Quand ils parviennent au Grand Temple de l'est, ils assistent d'abord à une longue cérémonie d'offrandes, de prières et de chants au Bouddha Birushana qu'on a entortillé de cordes, comme on composerait une toile d'araignée un peu lâche. De-ci, de-là, dans cet entrelacs pendent des échelles de bambou.

Bientôt, les moines, en costume blanc, une étoffe blanche en guise de cache-nez, un balai à la main, partent à l'assaut du Grand Bouddha. Avec ces petits hommes blancs qui grouillent sur son corps et sur ses épaules de bronze comme des fourmis sur un géant, celui-ci a l'air encore plus grand. Un moine se tient debout dans le creux de sa main.

C'est le moine Hiraoka que Kôzo a aperçu en arrivant et qui lui a semblé grand et gros! « Comme il est petit! » songe maintenant Kôzo. « Et moi, j'aurais l'air de quoi, là-dedans?... » Il s'imagine enlevé dans les airs par cette main de géant et se demande en même temps si les doigts de bronze ne risquent pas de se refermer sur le pauvre moine Hiraoka. Comme dans un dessin animé! Et il tire la manche du kimono de sa grand-mère :

« Mais, grand-mère, dit-il, et si le Bouddha serrait les doigts?

— C'est une statue!

— Oui, mais si le Bouddha voulait, comme il est très puissant, il pourrait faire bouger sa statue.

— Sans doute, mais cela ne servirait à rien. Et puis le Bouddha est très bon.

— Tu es sûre?

— Oui. »

Kôzo se rassure. Et il demeure immobile jusqu'à la fin du balayage. Quand celui-ci est achevé, il dit encore :

« J'ai eu peur. Les hommes sont vraiment petits!

— Oui. Je voulais justement que tu le voies par toi-même. Nous ne sommes rien, et nous ne pouvons pas grand-chose sans l'aide des bouddhas. Voilà pourquoi je t'ai emmené à la Cérémonie du ménage. »

Kôzo et sa grand-mère quittent le bâtiment. Ils passent au bord de l'étang qui se trouve près de la tour de l'est. Quelques nénuphars blancs y fleurissent.

« Tu as remarqué qu'il y a souvent des étangs comme celui-là dans les temples? C'est parce qu'après notre mort, notre âme entrera dans un lotus en bouton et qu'elle ira ainsi jusque dans le paradis du Bouddha Amida. Quand le lotus s'épanouira, notre âme sera libérée dans ce paradis qu'on appelle le Paradis de la Terre pure. Et là, nous connaîtrons un bonheur infini. Si nous pouvons atteindre un tel bonheur, c'est grâce à un homme extraordinaire qui a vécu en Inde, il y a des siècles. Il s'appelait Sākyamuni : c'est le Bouddha de notre monde.

Au printemps dernier, je crois que tu es allé voir la fête des Fleurs qui célèbre l'anniversaire de ce Bouddha?

— Oui, au monastère de Zenkô. C'était très amusant. »

Kôzo était effectivement allé au monastère de Zenkô, au nord de Tôkyô, avec ses parents et sa sœur. C'était le 8 avril, en plein printemps.

LA FÊTE DES FLEURS

La fête des Fleurs marque l'anniversaire de la naissance du Bouddha Sākyamuni : le 8 avril, on lui offre des fleurs et on l'arrose d'une infusion claire et douce. On mange des gâteaux de farine de riz.

Les moines avaient installé devant le temple un léger édifice de bois blanc, une sorte de socle très haut, couvert d'un petit toit. Sur le socle, il y avait une statuette de bronze noir qui représentait le Bouddha Sākyamuni enfant, pointant un bras vers le ciel. La statuette était placée au milieu d'un baquet plein d'eau, ce qui formait un petit lac artificiel entouré de douzaines de pivoines rouges, serrées les unes contre les autres. Le toit et ses montants étaient couverts de fleurs. Sur le côté se trouvait un grand seau empli d'une infusion claire et douce. Chaque visiteur y plongeait une louche en bambou et la vidait sur la tête de la statuette. Le petit Bouddha noir luisait de soleil au milieu des fleurs rouges. Quand Kôzo, son tour venu, avait vidé sa louche sur la tête du Bouddha, des pétales de pivoines tombés dans l'eau avaient été secoués par une vague, et le petit garçon avait pensé : « Que c'est joli ! » Puis un moine lui avait offert des gâteaux de farine de riz qu'il s'était disputé avec sa petite sœur. Le soleil printanier chauffait délicieusement, le ciel était limpide, et l'air embaumait la pivoine. Kôzo avait pénétré dans le temple, un bâtiment sombre qui fleurait le bois et l'encens. Et cela lui avait soudain semblé infiniment calme et paisible.

« Comment s'appelait ce Bouddha enfant ? demande soudain la grand-mère.

— Tu viens de me dire que c'était Sākyamuni. Je crois qu'au Japon nous l'appelons Shaka.

— Et qu'est-ce qu'il a fait ?

— Il était très riche. C'était un prince. Il a quitté sa maison, il est devenu pauvre et sage. C'est pour ça qu'on l'appelle le Bouddha : ça veut dire « l'Éveillé ».

— Tu es très savant ! Tu sais aussi comment est né le Bouddha ?

— Pas vraiment.

— Je vais te raconter toute l'histoire. »

Et la grand-mère commence un récit merveilleux :

« Cela se passait donc en Inde, il y a vingt-six siècles. Dans un royaume du Nord régnait un bon roi qui avait épousé une bonne reine nommée Maya. Celle-ci fit un rêve étrange. Elle vit en songe un bel éléphant blanc qui avait six défenses et qui s'avançait vers elle dans une lumière éblouissante. L'éléphant s'approcha tant qu'il finit par se fondre dans son corps. Et la reine Maya s'éveilla le cœur empli de bonheur. Le roi appela les sages pour qu'ils lui expliquent le sens de ce rêve, et tous affirmèrent qu'il présageait un bonheur pour le monde entier : la reine allait bientôt mettre au monde un fils, un prince qui deviendrait un très grand homme.

» Le jour de l'accouchement étant proche, la reine voulut rentrer chez ses parents, mais elle n'en eut pas le temps. Elle dut s'arrêter en chemin, dans les beaux jardins appelés Lumbini. Pressentant la naissance d'un enfant prodigieux, la nature tout entière, les plantes et les animaux voulurent porter aide à la reine Maya. Un arbre inclina l'une de ses branches, la reine la saisit de sa main droite. Et c'est ainsi qu'elle mit au monde son enfant : il sortit de son côté droit sans qu'elle éprouvât la moindre douleur. L'enfant se mit aussitôt à marcher et des lotus naissaient sous ses pas. Il avança de sept pas dans la direction de chacun des points cardinaux et prit ainsi possession du monde.

» C'est pour célébrer la naissance de cet enfant, qui allait devenir le Bouddha de notre monde, que l'on construit tous les printemps une cabane fleurie. Elle représente l'arbre des jardins Lumbini. Et si l'on arrose sa statuette d'une douce infusion, c'est que neuf dragons sont descendus du ciel pour arroser le bébé et lui donner son premier bain.

» De nombreux autres prodiges avaient accompagné la naissance de l'enfant : les gens avaient cessé de se quereller et ils avaient vu des arcs-en-ciel. Et tous les sages de tout le royaume surent immédiatement qu'un grand événement venait de se produire. L'un d'eux, un ermite du nom d'Asita, qui vivait d'ordinaire dans la forêt, se rendit à la cour et, pleurant de bonheur, il parla ainsi au roi et à la reine : ''Si votre fils reste auprès de vous, ce sera le plus grand roi de toute l'histoire. Mais s'il connaît la misère du monde, s'il ne veut pas régner et s'il quitte le palais, plus haut encore sera son destin. Car il découvrira le moyen de mettre fin à la souffrance dans le monde.''

» Cinq jours plus tard, le jeune prince reçut le nom de Siddharta, et aussi celui de Sākyamuni, ce qui signifie *Le silencieux du clan des Sākya,* car Sākya était le nom du clan de son père. C'est de Sākya que vient son nom japonais de Shaka. Sa mère mourut peu après, mais il fut élevé avec tendresse et intelligence par une jeune sœur de sa mère.

» Le prince devint un petit garçon ravissant. Son esprit était remarquablement vif, et il surpassa vite ses maîtres en sagesse. Il apprit en quelques jours tout ce qu'ils pouvaient lui enseigner. Tous ceux qui approchaient le prince étaient touchés par sa grâce et sa bonté et tous l'aimaient. Mais comme il grandissait, son père s'inquiétait de sa trop grande sensibilité. Il craignait qu'il ne quitte le palais pour devenir ermite comme le vieil Asita. Il préférait qu'il reste et devienne un grand roi. Sur les conseils de l'un de ses ministres, le roi décida finalement de le marier. Il espérait qu'une épouse saurait le retenir à la cour. Il fit en outre construire pour le jeune couple les plus beaux palais qu'on puisse imaginer : un palais d'été de marbre frais, avec des bassins et des fontaines claires, un palais d'hiver tiède, et un troisième pour la saison des pluies. Il fit entourer le parc d'une haute muraille, afin que rien de la misère du monde ne vienne frapper les regards du prince.

» Cependant, une chanteuse vint un jour à cette cour et elle chanta devant le prince un air qui vantait les beautés du monde et des pays lointains. Le prince éprouva soudain le désir de voir par lui-même ces lieux étranges et merveilleux, et il décida de sortir de l'enceinte des palais. Le roi fit aussitôt décorer toute la ville afin que rien de déplaisant ne heurtât la vue du prince, et la foule se rassembla pour saluer le jeune homme. Cependant, parmi tous ces gens en liesse qui l'acclamaient, le prince aperçut un homme qui avait le dos courbé et une expression triste sur le visage. Le prince demanda à Channa, son cocher, pourquoi le visage de cet homme était ainsi plissé. Pourquoi une telle expression était peinte sur son visage? Pourquoi il ne riait pas et ne dansait pas comme les autres? ''C'est la vieillesse, lui expliqua le cocher. Tous les hommes, vous, moi, ou votre épouse, tous perpétuellement vieillissent, et un jour, nous serons vieux.'' Le prince fut bouleversé par ces paroles et il rentra aussitôt au palais. Le soir, rien ne put le distraire car il songeait en lui-même à la vieillesse.

» Le voyant si morose, le roi décida d'organiser pour lui une nouvelle sortie dans la cité, et on décora de nouveau la ville. Mais dans la foule, le prince découvrit un homme malade, il comprit que nul n'était à l'abri de la maladie, ni de la vieillesse, et il s'affligea encore.

» Le roi décida d'organiser une troisième sortie pour le distraire. Mais cette fois, il le fit escorter par des nobles, par des musiciens et par des danseurs et il l'envoya dans un merveilleux jardin spécialement aménagé. Mais voilà que le prince Siddharta et son cocher Channa rencontrèrent en chemin un cortège de deuil :

» — Pourquoi l'homme dans ce coffre ne bouge-t-il pas? demanda le prince.

» — Parce qu'il est mort, répondit le cocher. »

» Et il lui expliqua que tous les hommes, un jour ou l'autre, devaient mourir, vieillir, tomber malade. Et le prince se désola de la façon dont les choses et les êtres changeaient pour, un jour, finir.

» Le roi s'inquiétait terriblement de la mélancolie du prince. Aussi accepta-t-il aussitôt, quand son fils vint lui demander de l'autoriser à se rendre à la campagne pour se distraire l'esprit. Le jeune Siddharta partit à cheval et il arriva bientôt en vue d'une ferme où tout semblait paisible. Il écouta les oiseaux qui chantaient et contempla les sillons qui ridaient la surface du champ comme celle d'un lac calme. Il se sentit d'abord empli d'une grande paix, puis il vit des insectes tués par le soc de la charrue et d'autres terrifiés qui couraient en tous sens. Il vit aussi les oiseaux qui mangeaient les vermisseaux, les bœufs qui peinaient pour tirer la charrue. Et son cœur fut empli de pitié pour la souffrance de toutes ces créatures. ''Quel cercle de misère! songea le prince. Ce fermier s'efforce au travail pour avoir de quoi se nourrir, et voilà qu'il tue des animaux.'' Et puis il se mit à méditer ainsi : "Chaque créature cherche le bonheur, mais aveuglée par l'ignorance et le désir, elle ne rencontre que la misère. Je dois trouver un moyen de mettre fin à cette souffrance et le faire connaître à tous.'' Siddharta se sentit soudain apaisé. Quand il releva son regard, il vit devant lui un homme habillé en mendiant et dont le visage resplendissait.

» — Qui êtes-vous? demanda le prince.

» Et l'homme répondit :

» — Effrayé par les souffrances du monde, je me suis réfugié seul dans la forêt et je cherche le plus parfait bonheur. »

» Il parla ainsi et disparut aussitôt.

» Siddharta résolut en un instant de se mettre lui aussi à la recherche d'un tel bonheur. Il enfourcha son cheval et rentra au palais où il annonça à son père sa résolution de se retirer du monde. Mais le roi refusa tout net, et il fit renforcer la garde du palais afin d'empêcher le prince d'en sortir. La nuit pourtant, une force mystérieuse s'abattit sur le palais et tous s'endormirent, sauf Siddharta. Le prince décida d'en profiter pour s'évader. Il alla regarder son fils qui venait de naître et qui dormait dans les bras de sa mère, mais il eut peur de les réveiller et il s'en alla sans même les avoir embrassés. Puis il secoua Channa, son cocher, qui dormait comme les autres et il lui fit seller son fidèle cheval. Tous deux partirent en pleine nuit et chevauchèrent longtemps avant d'arriver dans une forêt où vivaient de nombreux ermites. Là, le prince donna tous ses bijoux à Channa, lui confia son cheval et le renvoya. Il resta seul dans la forêt.

» Bientôt il rencontra un chasseur, auquel il donna ses vêtements de soie en échange d'un misérable costume rapiécé. Puis il se mit à mendier sa nourriture. Il étudia auprès de nombreux maîtres, mais leur enseignement ne le satisfaisait pas et il ne trouvait toujours pas le chemin de la vérité.

» Il rencontra ensuite cinq ascètes. C'étaient des hommes qui vivaient dans la forêt, qui mangeaient à peine et qui s'infligeaient de terribles tortures afin de parvenir à dominer la souffrance. Siddharta se rappela que dans son palais, au milieu du confort et des plaisirs, il n'avait pu trouver la paix de l'esprit. Il se dit que ces hommes avaient peut-être raison de rechercher cette paix d'une façon aussi étrange. Et il décida de rester avec eux, et de vivre comme eux.

» Il passa ainsi six années, mais il comprit un jour que toutes ces souffrances ne lui apprenaient rien de plus. Il se dit : "Ce qu'il faut c'est vivre sans trop de plaisir ni trop de souffrance, dans la voie du juste milieu.''

» Il se rappela le bonheur paisible qu'il avait éprouvé lorsqu'il avait médité à la campagne en contemplant les champs labourés, et il voulut de nouveau méditer. Mais son corps était si faible que son esprit se brouillait. Il tenta de se laver dans la rivière, mais il faillit s'y noyer.

» Il se reposait dans la forêt quand survint une jeune femme qui venait d'un village voisin pour faire une offrande de riz et de lait aux esprits de la forêt. Siddharta était maintenant si maigre et d'un aspect si étrange que la jeune femme le prit pour un esprit. Et elle lui présenta ses offrandes. Siddharta mangea et son corps redevint lumineux. Les ascètes, déçus de voir Siddharta manger, crurent qu'il avait renoncé à rechercher la paix de l'esprit et ils l'abandonnèrent.

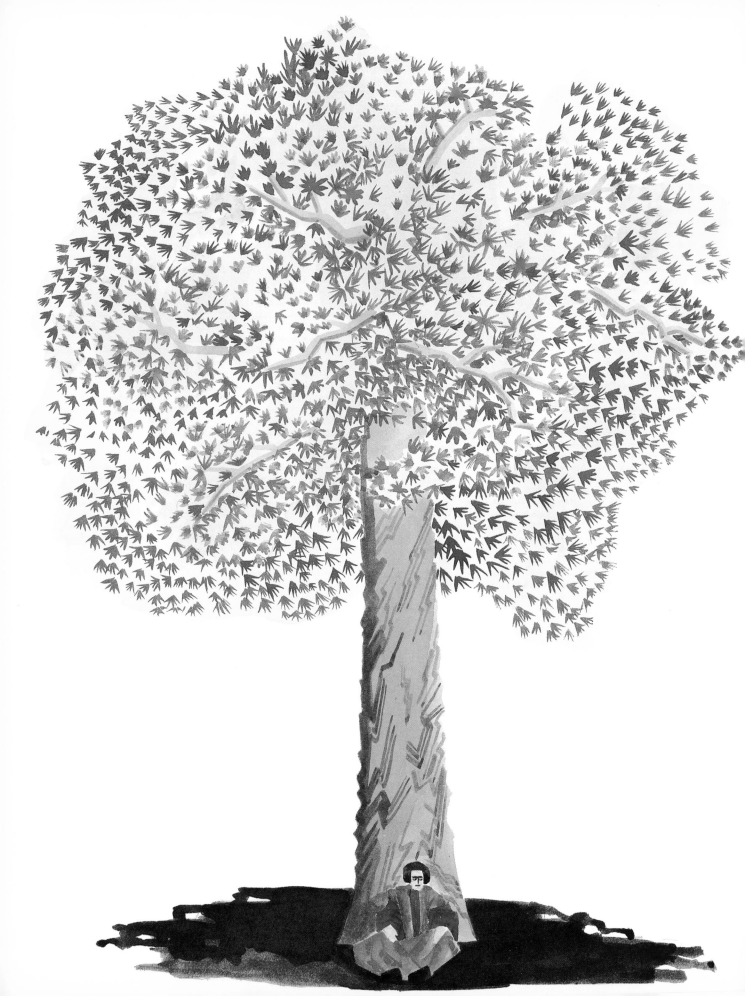

» Le prince se dirigea alors vers un grand arbre. C'était un arbre qui était apparu le jour même de sa naissance et qu'on appela plus tard l'arbre de l'Éveil. Il s'assit à son ombre et il fit en lui-même un vœu solennel : ''Je ne bougerai pas d'ici jusqu'à ce que j'aie découvert la vérité!'', jura-t-il. Et il se mit à méditer.

» Les forces du mal s'efforcèrent de le déranger dans sa méditation ; c'étaient l'avidité, la haine et l'ignorance qu'incarnait un puissant démon nommé Mara. Mais le démon ne réussit pas à le faire changer d'avis.

» Et il se passa alors cette chose extraordinaire : Siddharta se souvint de toutes ses vies passées, où il avait été animal ou être humain, pauvre ou riche. Et au matin, Siddharta était devenu le *Bouddha, l'Éveillé,* celui qui a trouvé la Vérité. Mara était vaincu.

» Il resta encore cinq semaines à méditer, puis, en dépit des conseils perfides de Mara, il décida de demeurer parmi les hommes pour leur transmettre son enseignement.

» Et c'est ainsi que les pays d'Extrême-Orient ont, l'un après l'autre, connu l'enseignement du Bouddha.

» Donc, le Bouddha avait découvert que son existence n'était que la dernière de toute une chaîne de vies. C'était la même chose pour tous les hommes : tous naissent et meurent, et cela n'arrive pas une seule fois, mais plusieurs.

» A chaque mort, l'esprit quitte le corps, puis il se réincarne dans un nouveau corps et cela recommence… et recommence… car la roue de la vie et de la mort tourne sans fin.

» Dans toutes leurs existences successives, les hommes cherchent le bonheur sans jamais le trouver. D'abord parce que la vie n'est pas éternelle. Ensuite parce qu'on désire toujours plus que ce que l'on a. Enfin parce qu'on est égoïste. Cela est vrai pour le moindre ver de terre comme pour le plus grand roi.

» Le seul moyen de mettre un terme à toute ces renaissances, c'est d'avoir l'esprit dépourvu de désir et de haine, le cœur rempli d'amour.

» Telle est la vérité.

» L'air était coloré d'arcs-en-ciel et traversé de chants d'oiseaux. Le Bouddha partit aussitôt à la recherche de ses anciens maîtres pour leur faire connaître la vérité.

» Il retrouva d'abord les cinq ascètes avec lesquels il avait vécu six années, et ceux-ci, à sa vue, furent saisis d'étonnement tant son allure était noble.

» Il leur expliqua la Vérité qui se compose de quatre grandes vérités :

* la première vérité est *la vérité de la souffrance* : toute vie contient de la souffrance.

* la deuxième vérité est *la vérité de la cause de la souffrance* : ce sont le désir et l'avidité qui créent la souffrance et mènent à la renaissance sans fin.

* la troisième vérité est *la vérité de la cessation de la souffrance.* Seule la fin du désir provoque la fin de la douleur.

* la quatrième vérité est *la vérité du chemin qui mène à la fin du désir.* Il faut éviter de nuire aux autres et concentrer son esprit de façon à parvenir à la sagesse.

» Les cinq ascètes se réjouirent en entendant cela. »

« Et tu sais, conclut la grand-mère, ces quatre vérités sont valables pour les petites comme pour les grandes choses. Tu devrais y songer plus souvent. Regarde, la semaine dernière, tu voulais absolument des chaussures de cuir neuves en plein milieu de l'été. Tu as d'abord été de mauvaise humeur parce que je ne voulais pas te les acheter, et tu n'as cessé de m'ennuyer. Et puis, quand j'ai cédé, à peine as-tu été content cinq minutes, car avec cette chaleur tu as tout de suite eu mal aux pieds ! Tu vois bien qu'un désir stupide ne t'a apporté que de la souffrance et guère de plaisir.

Kôzo devient écarlate.

– Mais je n'ai pas mal aux pieds !

– Mais si ! Tu boites depuis ce matin. En plus, avec ton désir d'avoir toujours raison, tu as voulu me le cacher, et tu t'es fait encore plus mal aux pieds !

Kôzo se sent vaincu et il se met à rire. Mais il lance encore, pour l'honneur, une boutade :

– Tout ça n'empêche que le Bouddha est mort lui aussi !

– Il n'est pas mort comme tout le monde. Il est entré dans le Nirvāna. C'est-à-dire qu'il a rompu la chaîne des renaissances : il ne naît plus, il ne meurt plus. Il est parvenu à la joie parfaite. »

Alors Kôzo se rappelle la fête de l'Entrée du Bouddha dans le Nirvāna.

LA FÊTE DE L'ENTRÉE DU BOUDDHA DANS LE NIRVANA

La fête de l'Entrée du Bouddha dans le Nirvāna célèbre la mort de Sākya-muni : le 15 mars, les moines accrochent un rouleau de peinture qui représente la scène. Ils tournent autour de lui en chantant.

On la célèbre, tous les hivers, le 15 mars, au grand monastère de l'est de Nara. On suspend au mur une grande peinture : au centre, le Bouddha, le corps tout doré de lumière est allongé, les yeux clos. Il a le visage parfaitement serein. Un oreiller, qui ressemble à un lotus, est placé sous sa tête. Tout autour de sa couche, ses disciples en larmes sont agenouillés à côté d'animaux qui ont l'air désespéré. Un peu en retrait se tiennent les bodhisattvas : Kôzo sait que les bodhisattvas sont des êtres intermédiaires, ni vraiment hommes, ni vraiment bouddhas. Ils sont promis à l'Éveil, ils connaissent déjà la vérité, mais ils restent volontairement en ce monde afin de secourir les hommes.

Sur la peinture, on voit encore Maya, la mère du Bouddha. Assise sur un petit nuage blanc, en plein ciel, elle vient à la rencontre de son fils.

Pendant près d'une heure, Kôzo a vu, dans la pénombre du monastère, les moines qui tournaient en chantant autour de l'image sacrée. Il s'était sans doute assoupi car les vapeurs d'encens l'étourdissaient, et sa grand-mère avait dû le pincer pour le réveiller.

Pour Kôzo, comme pour tous les petits Japonais, la religion bouddhique est liée à la mort. La vie, ce sont surtout les dieux qui s'en occupent.

Kôzo, comme l'ensemble des Japonais, pratique deux religions à la fois : le bouddhisme, et une autre religion purement japonaise qui n'existe dans aucun autre pays et qu'on appelle le Shintô. On y compte un nombre gigantesque de dieux. Shintô veut d'ailleurs dire : la Voie des dieux.

À la différence des grandes religions, comme le christianisme, qui ne reconnaissent que l'existence d'un seul dieu, le bouddhisme est très tolérant. Il admet parfaitement l'existence de tous ces dieux. Mais ceux-ci n'occupent pas la place la plus élevée dans le monde. Ils sont certes supérieurs aux hommes ordinaires et bien plus puissants qu'eux, mais comme les hommes eux-mêmes, ils se montrent insatisfaits de leur sort. Ils aspirent, eux aussi, à l'Éveil.

Pour y parvenir, ils mettent leur puissance au service des bouddhas et veillent sur l'enceinte des monastères bouddhiques.

Ainsi les bouddhas et les bodhisattvas ne doivent en aucun cas être confondus avec les dieux. La religion bouddhique n'est pas un culte adressé à des dieux. C'est une règle de conduite.

Cette conduite se résume en ces huit principes :
1. La justesse du regard.
2. La justesse de résolution.
3. La justesse de parole.
4. La justesse de conduite à l'égard des autres.
5. La justesse de vie.
6. La justesse des efforts.
7. La justesse de pensée.
8. La justesse de concentration.

Mais la hauteur de ces idées n'empêche pas que Kôzo, comme tout le monde, espère bien que les bouddhas l'aideront dès maintenant dans cette existence de souffrances certes... mais où il fait si bon vivre... Après tout, une religion assez puissante pour permettre d'interrompre la chaîne sans fin des renaissances doit, à plus forte raison, permettre d'être heureux en ce monde ! Voilà pourquoi il demande à sa grand-mère de lui acheter un horoscope : il y lit avec joie les caractères « Grand bonheur » et se met à sautiller de plaisir en oubliant ses chaussures qui lui font toujours mal aux pieds. Il se fait également acheter deux amulettes : deux petits sachets de tissu rouge brodé de fils dorés : l'un pour sa mère avec les mots « Sécurité de la maison », l'autre pour son père, avec les mots « Sécurité routière ». Il les fourre dans sa poche en songeant qu'un désir satisfait est malgré tout un plaisir bien agréable...

Chaque année, Kôzo se rend au moins quatre fois au temple bouddhique : pour la fête du Nouvel An, pour les équinoxes de printemps et d'automne et pour la fête des Morts de la mi-été. Ce sont les quatre fois où les esprits des morts reviennent sur cette terre pour veiller sur leurs descendants.

LA FÊTE DU NOUVEL AN

Le Nouvel An est célébré pendant trois jours : du 1er au 3 janvier. On fête séparément le dieu Shintô du nouvel an et les ancêtres devenus tous, pense-t-on, bouddhas. On va écouter au monastère la cloche qui sonne cent huit coups.

Le Nouvel An est sa fête préférée. A ce moment-là, on célèbre le dieu du nouvel an. Sur le linteau de la porte, on installe pour l'accueillir un gros nœud de paille décoré avec des bandes de papier découpées en zigzags, des branches de fougère et une mandarine. C'est vraiment très joli.

On décore aussi les deux autels de la maison : sur l'un, on fête les dieux et sur l'autre, on vénère les ancêtres de la famille devenus tous, espère-t-on, bouddhas.

Pour les dieux, les parents de Kôzo achètent des gâteaux blancs et ronds qu'ils empilent sur le devant de l'autel. C'est du riz cuit à la vapeur, écrasé et modelé en boules qu'on décore de mandarines dont la couleur vive tranche sur le blanc translucide des gâteaux. Pour les ancêtres, la maman de Kôzo confectionne des boulettes de riz. Douze, en nombre égal à celui des mois de l'année. Et, dans chacune, elle pique une baguette. Puis elle dispose les boulettes en ligne sur un plateau noir recouvert d'une feuille de papier blanc qu'elle installe devant l'autel.

« Pour que les défunts se régalent », dit-elle.

Si elle plante des baguettes dans les boulettes, c'est pour bien montrer que ces friandises sont destinées aux morts. Les vivants, eux, ne doivent jamais planter leurs baguettes dans leur riz. Cela Kôzo le sait depuis qu'il est tout petit car il s'est souvent fait gronder pour avoir fiché ses baguettes dans son bol.

Toute la maison a un air de fête et la maman de Kôzo rit plus haut que d'habitude.

Au milieu de la nuit enfin, au moment précis où l'année change, toute la famille va en pèlerinage au monastère où une énorme cloche résonne de cent huit coups, afin de chasser les cent huit illusions, qui sont à l'origine de la souffrance, les cent huit passions que créent l'avidité, la colère, et la sottise. Puis on rentre à la maison manger des « nouilles de longévité », longues afin que la vie soit longue elle aussi. Toute la famille de Kôzo a ensuite trois jours de congé, pendant lesquels on se rend des visites entre voisins, connaissances, parents, amis. Sa mère et ses sœurs revêtent de beaux kimonos pour accueillir les visiteurs auxquels elles offrent du saké (alcool de riz) chaud et sucré avec de petits gâteaux aux teintes acidulées, roses et verts.

Dans ces premiers jours de l'année, Kôzo se rend avec son père au monastère de Jindaiji, dans les environs de Tôkyô. Là, on vend des milliers de poupées en papier mâché rouge qui représentent le sage Daruma. Des milliers de poupées sans jambes et à l'œil tout blanc. Voici pourquoi :

Daruma vécut, dit-on, il y a très longtemps, en Inde, où on l'appelait Bodhidarma. C'était un adepte d'une « école de pensée » bouddhique un peu particulière qui insistait sur l'importance de la méditation. Il existe, en effet, dans le bouddhisme, comme dans le christianisme, toutes sortes d'ordres religieux qui envisagent de façons différentes la pratique de la même religion. Ce sont ces « ordres » que les bouddhistes appellent « écoles de pensée ». L'école de pensée de Bodhidarma avait pour nom *dhyāna,* en japonais *zen,* ce qui signifie « méditation ». Pour méditer donc, Bodhidarma, resta assis neuf années sans bouger. Et, au bout de ces neuf années, quand il voulut se lever, il s'aperçut qu'il n'avait plus de jambes. Dans le Japon d'aujourd'hui, les poupées représentant Daruma symbolisent la persévérance.

Ce sont des poupées sans jambes, rondes à la base, qu'on peut coucher en tous sens et qui se relèvent toujours. Au début de l'année, chacun prend de sages résolutions et fait des vœux de toutes sortes : on demande à Daruma d'aider à les réaliser. Pour cela, on achète un Daruma aux yeux complètement blancs, et on lui promet de lui peindre un œil, puis les deux, quand il aura exaucé les vœux. Et si un des vœux se réalise, au plus tard, à la fin de l'année, on brûle la poupée et on la remplace par une neuve.

LA FÊTE DE L'ÉQUINOXE DE PRINTEMPS

La fête de l'Équinoxe de printemps marque le moment où l'on se trouve le plus près du Paradis : aux alentours du 21 mars, le supérieur du monastère lit aux fidèles des textes sacrés pour la bonne renaissance des défunts. Un grand repas suit.

Les fêtes d'équinoxe sont moins drôles. Kôzo revêt son plus beau costume : il doit aller au monastère de la famille de sa mère. En principe, il devrait plutôt se rendre au monastère de la famille de son père, à Nara, mais ils n'y vont que pour les vacances.

Au moment des équinoxes, le soleil se couche exactement à l'ouest, c'est-à-dire dans la direction précise du paradis du Bouddha Amida où les morts renaissent dans des fleurs de lotus. Les âmes des morts sont donc plus proches de la terre qu'en tout autre moment : elles reviennent saluer leurs descendants, leur apporter le bonheur et recevoir leurs prières.

Pour ces fêtes d'équinoxe, le supérieur du monastère lit des textes sacrés afin que les défunts aient de bonnes renaissances. Puis il y a, sur place, un repas solennel. Kôzo doit rester des heures assis sur ses talons, sans bouger. Il a des fourmis dans les pieds et il s'ennuie.

Pourtant, il sait que ces rites sont indispensables : si on ne prie pas assez pour les défunts et qu'ils sont mécontents, ils reviennent dans le monde des vivants et tourmentent leurs descendants.

Kôzo a entendu parler d'une amie de sa mère qui n'avait pas assez prié pour sa belle-mère défunte, et celle-ci s'était réincarnée en *gaki :* c'est une espèce de petit démon affamé qui, invisible, erre dans le monde des vivants à la recherche de nourriture. Un jour, comme l'amie de sa mère se promenait sur une plage, elle avait senti un poids qui lui grimpait sur le dos et qui l'agrippait à la gorge. Elle avait dû aller consulter un moine. Celui-ci lui avait expliqué que c'était sa belle-mère transformée en *gaki* qui l'étranglait. Il fallait prier pour elle. Le moine avait organisé une cérémonie de prières et d'offrandes. Peu à peu, l'étau s'était desserré.

Kôzo espère bien que, lorsqu'il sera mort, il y aura des gens qui prieront pour lui.

Il sait qu'il existe six voies de renaissance possibles : la voie des *enfers,* la voie des *démons faméliques* ou « gaki », la voie des *animaux,* celle des *guerriers* « asura » qui sont condamnés à se battre continuellement, celle des *hommes,* et celle des *créatures célestes et des dieux.*

Les enfers surtout lui font peur, l'étang de sang particulièrement dont la crainte lui vient chaque fois qu'il commet une bêtise. Car c'est selon ses actes que chacun est, après sa mort, envoyé vers l'une ou l'autre des six voies de renaissance.

Pourtant la famille de Kôzo est attachée à un temple de « l'école de pensée » amidiste qui vénère spécialement le Bouddha Amida du Paradis de la Terre pure. Et Kôzo a appris que si, au seuil de la mort, il prononce seulement le nom d'Amida, celui-ci viendra aussitôt accueillir son âme dans un bouton de fleur de lotus. Il a vu, au monastère, une belle peinture représentant le Bouddha Amida descendant sur cette terre pour accueillir l'âme d'un défunt. Amida franchissait les montagnes dans un halo de lumière. Il était accompagné de merveilleux anges musiciens. De chacune de ses mains pendait une ficelle que l'esprit du mort pouvait saisir pour arriver plus sûrement au Paradis de la Terre pure. Ainsi rêve Kôzo pendant cet ennuyeux repas.

LA FÊTE DES MORTS

La fête des Morts, ou « Bon », correspond au grand retour des esprits défunts en ce monde : le 15 août, on allume des feux pour leur indiquer le chemin. Les offrandes faites, on danse. On raccompagne les morts avec attention.

Mais la fête des Morts du milieu de l'été, c'est tout autre chose ! Là, on rit beaucoup. Tout d'abord, ce sont les vacances, et toute la famille part pour la campagne, aux environs de Nara. Il fait chaud, et Kôzo va trois fois par jour se tremper les pieds dans l'eau des rizières : il tape sur les herbes avec une canne de bambou et jette des cailloux dans l'eau pour écarter les serpents ; puis il ôte ses sandales et patauge avec délice dans l'eau qui devient boueuse dès qu'il remue les pieds. Un jour, un paysan qui le voit faire lui crie : « Aujourd'hui, c'est le début du mois des morts ! Ce n'est pas les pieds qu'il faut mettre sur le sol, c'est l'oreille ! Tu entendras les morts qui quittent les enfers ! Ils sortent des chaudrons où le roi des enfers les a mis à bouillir, ils fracassent la porte de pierre qui ferme les enfers et ils commencent leur voyage pour venir chez nous ! » Kôzo colle son oreille sur le sol, mais il n'entend rien. Le paysan hausse les épaules : « Ce n'est pas avec les oreilles du corps qu'il faut écouter, mais avec les oreilles de l'âme ! » Kôzo écoute encore, mais il n'entend toujours rien. « Plus tard, tu entendras. Plus tard ! dit le vieux en riant. A ton âge, l'âme n'a pas encore d'oreilles ! »

La fête des Morts se célèbre le 15 août. L'origine de ce rite est un texte ancien qui s'appelle en sanskrit, la vieille langue sacrée de l'Inde, *ullambana,* un mot qui signifie littéralement « être suspendu la tête en bas » et qui désigne la grande douleur des défunts condamnés à une mauvaise renaissance. Ce mot a été transcrit en japonais sous la forme *urabon* et abrégé en « bon », qui se trouve avoir le sens de « plateau ». La fête des Morts de la mi-été s'appelle donc la fête du Bon : et c'est sur des plateaux qu'on fait des offrandes aux ancêtres.

Une vieille légende indienne, familière à Kôzo, raconte qu'un disciple du Bouddha qui s'appelait Mhamaudgalyana demanda un jour à l'Éveillé comment secourir la grande douleur de sa mère qui avait, après sa mort, été réduite à l'état de démon famélique ou *gaki*. Le Bouddha lui répondit que si, au milieu de l'année, il donnait des aumônes aux moines et priait pour les morts, la douleur de ses parents serait soulagée sur sept générations. Depuis tous les bouddhistes fêtent leurs morts au milieu de l'année.

D'Inde en Chine, puis au Japon, la coutume a évolué : au lieu de se contenter de célébrer ses ancêtres défunts, on fête tous ses ancêtres, morts et vivants.

Les cérémonies pour les morts varient avec les catégories de défunts. Ceux-ci peuvent être :

* récents. Ce sont les plus dangereux, qu'il faudra apaiser dès le début du mois d'août.

* anciens. On espère leur protection. Il suffira de s'en occuper à partir du 7.

* sans famille. Ils sont malheureux car personne ne pense à eux. Et tout le monde doit désarmer leur vengeance.

Chez la grand-mère de Kôzo, où il n'y a pas eu de deuil récent, on construit donc, le 7, un grand autel de bambous, à un étage. Le haut est consacré aux morts anciens, le bas aux défunts sans famille.

Au-dessus veille une lanterne qui indique leur chemin à tous ceux qui viennent de l'autre monde.

Les libellules volent plus nombreuses dans l'air. Ce sont de grosses libellules tachées de rouge sur le dos. Kôzo pense que ces taches rouges sont les selles sur lesquelles chevauchent les esprits des ancêtres pour venir au village. Mais Kôzo leur a aussi préparé des montures spéciales : il a facilement fabriqué un cheval et un bœuf à l'aide d'un concombre et d'une aubergine où il a planté quatre bâtonnets. Il a placé ces animaux de bois et de légumes au pied de l'autel.

Le 13 août, les ancêtres arrivent ! On allume la lanterne qui doit leur indiquer le chemin et on leur offre, sur l'autel, des fruits et des gâteaux. Puis on se rend au cimetière pour y nettoyer les tombes, y déposer des fleurs et y faire brûler des bâtonnets d'encens qui embaument l'air. Au monastère, un moine lit tout le jour des prières pour le salut des défunts.

Kôzo aime les cimetières. A Tôkyô où il n'y a pas beaucoup d'espaces verts, il va souvent jouer dans le cimetière du monastère le plus proche. Avec ses camarades, il court au milieu des stèles moussues ou des pierres neuves. Ils font des concours pour déchiffrer les noms des morts, lancent leurs toupies sur les dalles lisses et se cachent derrière les tombes hautes. Car les cimetières, au Japon, ne sont pas entourés de murs, et on y laisse volontiers jouer les enfants : cela distrait les défunts.

Au moment de la fête du Bon donc, Kôzo fait le ménage des tombes de sa famille. Il arrache les mauvaises herbes, nettoie les vases salis depuis la saison des pluies et parfois renversés ou cassés. Ils rient beaucoup quand le père de Kôzo vide entièrement une grande bouteille de saké sur la tombe de son propre père. Ils répètent : « C'est vrai qu'il adorait le saké ! Cela lui rappellera de bons souvenirs. »

Les soirs des 14 et 15 août, Kôzo et toute sa famille vont danser dans la cour de l'école. On y a dressé, au milieu, une tour de bois : tout en haut se tient un jeune homme en veste de fête, bandeau sur le front, qui tape aussi fort qu'il le peut sur un grand tambour. Au niveau inférieur, qui est beaucoup plus large, la sœur aînée de Kôzo danse avec d'autres jeunes filles. Tout autour, tous les habitants du village dansent en cercle. Tous s'agitent en l'honneur des morts, au son du tambour et des airs traditionnels ou à la mode. Les mouvements de danse ne sont pas bien difficiles : en dix minutes, Kôzo a saisi les pas et le rythme. Les gestes des bras suivront tant bien que mal, et il restera des heures à danser jusqu'à ce qu'il bâille de fatigue. La nuit, il rêvera qu'il danse avec ses ancêtres dans une immense forêt où brille une lune ronde comme une perle.

Mais le 16 août, il faut se séparer des ancêtres... Ses parents donnent à Kôzo une lanterne de papier blanc où brille la flamme d'une bougie et ils l'accompagnent pour aller la jeter dans la rivière. Ils regardent longtemps la lanterne dériver au fil de l'eau, puis elle disparaît, entraînant avec elle les âmes des défunts. En la mettant à l'eau, Kôzo a murmuré : « Au revoir, grand-père, au revoir, grand-mère ! Ne revenez pas tout de suite, mais revenez à coup sûr pour la prochaine fête. Je vous donnerai des gâteaux et du thé ! » Sur le chemin du retour, ses parents ne cessent de plaisanter, se félicitant d'avoir passé un aussi heureux « Bon ». Mais Kôzo reste songeur. Lui aussi, un jour, ne sera plus que la lueur d'une bougie flottante. « Comme la vie est fragile ! », se dit-il.

Aussi décide-t-il de fêter encore mieux que d'habitude sa grand-mère qui se fait vieille. Il va lui acheter un gros poisson et entend qu'elle le mange, à elle seule, en entier. Mais finalement, ils le mangent tous ensemble en s'amusant de la gourmandise de la vieille dame qui essaie d'aller plus vite qu'eux.

Pour les adultes, la fête du Bon est finie.

Mais les enfants doivent encore célébrer le « Bon de Jizô », le 24.

Jizô est le Bodhisattva, l'Esprit promis à l'Éveil, qui protège les six voies de la renaissance.

LE BON DE JIZÔ

La fête des Morts en l'honneur de Jizô, ou « Bon de Jizô », remercie un bodhisattva protecteur des enfants morts : le 24 août, petites filles et petits garçons peignent son image sur des pierres et lui présentent des offrandes.

On voit souvent ses statues aux croisées des chemins, six statues alignées qui veillent sur les routes de ce monde et de l'autre. Jizô intercède auprès du juge des enfers pour adoucir le sort des défunts. Il aide aussi, plus particulièrement, les enfants morts jeunes qui n'ont naturellement pu saisir aucune des quatre grandes vérités du bouddhisme. Ces enfants restent donc au bord de la Rivière des Enfers, et sont condamnés à construire des tours en pierre, semblables à des pagodes. Voulant les en empêcher, d'horribles démons surviennent à tout instant pour détruire ces tours. Jizô aide les enfants à les reconstruire.

Tous les ans, après la fête des Morts, les enfants remercient donc Jizô. Sur de petites stèles de pierre, ils peignent son image : un bon moine au crâne rasé, une canne de pèlerin à la main. Devant les statues de Jizô, ils installent parfois de petits autels qu'ils garnissent de fleurs, d'encens et de fruits. Et Jizô se réjouit de la gentillesse des enfants.

LA FÊTE DE L'ÉQUINOXE D'AUTOMNE

La fête de l'Équinoxe d'automne est semblable à celle de l'Équinoxe de printemps : aux alentours du 21 septembre, des cérémonies se déroulent au monastère, suivies du même repas traditionnel.

Après le Bon vient la joyeuse *fête des Récoltes* : on renvoie le dieu du riz dans les montagnes, et Kôzo repart à Tôkyô. Une fois encore, il va au monastère, pour l'équinoxe d'automne.

Il sait qu'en cette saison de grandes fleurs rouges s'épanouissent soudain par milliers, comme des herbes sauvages, dans la campagne de Nara. Les paysans les regardent avec inquiétude : « Ce sont les fleurs des morts », disent-ils, et ils les fauchent.

115

Des bottes d'herbes tachées de rouge jonchent les chemins. Mais Kôzo, lui, trouve cela très joli.

Il rêve un instant sur les fêtes à la campagne. Fugitivement, le sentiment ne l'envahit qu'à la campagne, les morts sont plus proches des vivants. « En ville, se dit-il, l'homme a trop transformé la nature, il a coulé du béton pour cacher le moindre brin d'herbe, il a oublié qu'il fait lui-même partie du monde, comme l'herbe, comme les insectes et tous les animaux, comme les morts et tous les autres vivants. Nous appartenons tous au même univers, pense Kôzo, et c'est bien pour cela que le bouddhisme interdit de tuer les êtres vivants, hommes ou animaux. » Il songe un instant à tous ses poissons rouges qui sont morts d'indigestion pendant l'année, et il prie afin qu'ils aient une bonne renaissance.

Kôzo, comme l'extrême majorité des enfants japonais, n'a reçu, en fait, aucune éducation religieuse. Pourtant, si on le lui demande, il répond sans hésitation qu'il est bouddhiste. Profondément croyant ? Ça, il ne sait pas. Peut-être même ne comprend-il pas la question, car le bouddhisme, depuis sa petite enfance, a façonné sa façon de penser, de regarder, d'exister. Il ne croit pas au bouddhisme, il est bouddhiste. Dans sa famille, on ne parle jamais de dogme ou de doctrine, mais tout le monde est naturellement bouddhiste.

Chaque matin, en même temps qu'elle fait le ménage, la mère de Kôzo nettoie les deux autels de la maison : elle ôte la poussière, dépose quelques aliments, de l'eau pour les ancêtres devenus bouddhas et du saké pour les dieux. Quand un hôte apporte un cadeau, elle remercie poliment en s'inclinant, puis elle dépose le paquet encore fermé devant les autels : il y restera quelques heures ou quelques jours, en offrande. Enfin, elle l'ouvrira et tous en profiteront, en famille...

Si on demande à la maman de Kôzo ce qu'est le bouddhisme, elle répond : « C'est la religion de l'attention aux autres et de la bonté. »

Et elle sourit en offrant un gâteau.

Cet album a été imprimé
sur les presses de
l'Imprimerie Nouvelle Lescaret à Paris.

Dépôt légal n° 4371 - Mars 1986